우리집 원예구급함 Dr.Green

　자연은 사람들의 소중한 삶의 터전이며, 사람은 자연과 더불어 살아갈 수밖에 없는 존재입니다. 우리 주위에 있는 한 그루의 나무와 한 포기의 꽃은 사람에게 정신적으로는 안정과 즐거움을 주고, 육체적으로는 삶의 공간을 정화시켜 건강을 유지시켜줍니다.
　삭막하고 답답한 생활 속에서 몇 그루의 꽃과 나무를 기른다면, 꽃이나 나무와의 교감을 통해 자연과 더불어 살아가는 공감대를 느낄 수 있습니다. 또한, 싹을 틔우고 커가는 꽃과 나무의 모습에서 키우는 재미뿐만 아니라 삶의 생기와 활력도 얻을 수 있습니다.

　정성들여 키운 꽃과 나무는 푸른 가지를 쭉쭉 뻗으면서 아름답게 자랍니다. 그러나 관심과 사랑에 따라 아름다운 꽃이 피기도 하고, 병든 꽃이 피기도 합니다. 하루 하루 우리가 정성을 다하면 아름다운 꽃, 싱그러운 초목과 함께 건강하고 행복하게 지낼 수 있습니다. 이 진리는 자연이 우리에게 주는 교훈이기도 합니다.

　꽃과 나무를 기르면서 생각한 대로 잘 자라지 않는 경우에 흔히 병해충을 우선 의심합니다. 그러나 그보다 먼저 꽃과 나무를 올바른 방법으로 기르고 있는지부터 생각해봐야 합니다.
　꽃과 나무는 종류에 따라 자라는 곳이나 온도·수분·비료 등 생육방법이 많이 다릅니다. 재배환경이 그만큼 중요하다는 의미로, 잘못된 재배환경은 생육불량의 중요한 원인입니다. 따라서 병해충도 중요하지만, 알맞은 재배환경을 정확히 알아서 최적의 환경을 만드는 것이 가장 중요하고 먼저 해야 할 일입니다. 알맞은 재배환경은 병해충의 발생도 줄입니다.

　이 책은 꽃과 나무가 생각대로 잘 자라지 않을 때 어떤 증상이 있는지 알아보고 그 원인을 찾는 것이 첫 번째 목적입니다. 또한, 원인에 맞는 정확한 관리 방법을 제시하여 합리적으로 치료하는 것이 또 하나의 목적입니다.
　이 책이 여러분의 생활 속에서 꽃과 나무를 지키는 의사로서의 역할을 다할 수 있기를 바랍니다. 또한, 항상 옆에 두는 집 안의 비상구급함처럼 건강에도 좋고 보기에도 좋은 화초를 잘 가꿀 수 있도록 도와주는, 여러분의 원예구급함이 되었으면 하는 바람입니다.

장광진·윤병성

닥터 그린 contents

■ 머리말　3

part 01 화분식물류

관엽식물이 잘 자라지 않는다

1. 종류별로 본 좋은 재배 환경　12

햇빛이 너무 강하거나 약하게 비치지 않나요
물을 알맞게 주었나요
알맞은 온도에서 기르고 있나요

2. 손상된 관엽식물을 회복시킨다　16

덩굴과 줄기가 웃자라지 않았나요
아래 잎부터 점점 위쪽으로 말라가지 않나요
포기가 자라서 빽빽해지지 않았나요

관엽식물에 생기는 병해충

1. 주의해야 할 병해충　20

잎과 줄기에 이상이 있나요
해충 피해가 있나요

양란이 피지 않는다, 자라지 않는다

1. 온도와 일조량의 조절 방법　24

월동 온도가 잘못되지 않았나요
직사광선을 막아주며 길렀나요
바꿔심기와 포기나눔을 하였나요

2. 양란에 잘 생기는 병해충　28

밑동이 썩고 있나요
진딧물과 깍지벌레가 있나요

화분의 꽃이 잘 자라지 않는다

1. 베고니아가 잘 자라지 않는다 28

일조량이 부족하지 않나요
꺾꽂이 방법이 잘못되지 않았나요

2. 포인세티아가 붉어지지 않는다 31

단일처리를 하였나요

3. 게발선인장이 잘 자라지 않는다 32

단일처리를 했나요
난방이 잘되는 실내에 두었나요
2년마다 바꿔 심었나요
꺾꽂이를 올바르게 하였나요

4. 시클라멘이 잘 자라지 않는다 35

일조량이나 비료가 부족하지 않나요
꽃에 물을 뿌렸나요
곰팡이 같은 것이 생기지 않았나요
꽃모양을 만들어주었나요
여름나기에 실패하지 않았나요

part 02 정원수류

나무가 크게 자라지 않는다

1. 옮겨 심은 묘목이 자라지 않는다 42

좋은 묘목을 골라서 옮겨 심었나요
옮겨심기하는 방법이 맞나요

2. 꽃나무를 길러도 꽃이 피지 않는다 46

꽃눈을 고려해서 작업했나요

3. 나무모양 만들기 및 다듬기 49

나무모양 만들기 및 다듬기가 바른가요

4. 두 번 하는 장미의 다듬기 포인트 52

겨울 다듬기를 했나요
여름 다듬기를 했나요

나무에 생기는 병해충

1. 잎과 꽃 등에 생기는 병 56

잎 등에 하얀 가루가 붙어 있나요
잎에 검은 반점이 생겼나요
잎이 탄 떡같이 부풀었나요
잎이 혹처럼 부풀었나요

2. 잎과 가지·줄기·꽃 등에 생기는 해충 59

원형 또는 타원형 벌레가 있나요
잎에 하얗게 긁힌 듯한 반점이 있나요
꽃과 꽃봉오리가 말라버렸나요
새 눈을 먹지 않았나요
하늘소가 있나요
도롱이벌레가 매달려 있지 않나요

3. 가지와 줄기 등에 생기는 병 62

땅 닿은 부분에 비단실 같은 것이 붙어 있나요
코니파의 새 눈이 말랐나요
나무껍질이 물러져 있지 않나요
가지와 줄기가 변색되어 움푹 들어가 있나요

part 03
화초류

초기 생육이 나쁘다

1. 씨앗이 발아하지 않는다 68

오래된 씨앗을 뿌리지 않았나요
파종시기가 틀리지 않았나요
씨뿌리기 후 흙을 바르게 덮었나요
씨앗을 뿌린 후에 물을 잘 주었나요

2. 고르게 잘 자라지 않는다 72

흙덮기가 고르게 잘 되었나요
발아 후에 바로 비료를 주었나요

화초가 크게 자라지 않는다

1. 옮겨 심은 화초가 크게 자라지 않는다　74

　　지난해와 같은 장소에 심었나요
　　물이 부족하지 않나요
　　곧은뿌리성 화초를 옮겨 심었나요
　　밑거름을 바르게 주었나요
　　옮겨심기한 흙의 성질이 다른가요

꽃이 잘 피지 않는다

1. 꽃봉오리가 많이 달리지 않는다　80

　　햇빛이 충분히 드나요
　　비료를 너무 많이 주지 않았나요

2. 순지르기와 꽃이 핀 후의 관리　83

　　시든 꽃을 골라서 따버렸나요
　　순지르기를 몇 번이나 하였나요
　　전성기가 지난 후 잘라 다듬기하고 있나요

잎에 생기는 병해충

1. 잎에 잘 생기는 해충　86

　　진딧물이 생기지 않았나요
　　벌레가 없는데 잎에 갉아먹은 흔적이 있나요
　　잎에 긁힌 듯한 반점이 있나요
　　흔들면 작고 하얀 벌레가 날아오르지 않나요
　　배추벌레와 털벌레 등이 있나요

2. 잎에 잘 생기는 병　90

　　잎에 반점이 생기지 않았나요
　　잿빛 곰팡이가 생기지 않았나요
　　하얀 가루가 붙어 있지 않나요

꽃봉오리와 꽃에 생기는 병해충

1. 꽃봉오리와 꽃에 잘 생기는 해충 98
꽃잎을 해충이 먹어버렸나요
꽃봉오리 속에 벌레가 있나요

2. 꽃봉오리가 피지 않는다 101
꽃에 다른 색의 반점이 있나요
꽃잎에 얼룩이 생겼나요

줄기와 뿌리에 생기는 병해충

1. 포기 전체가 말라버린다 104
변색되지 않았는데 말라버렸나요
모종이 말라버리지 않았나요

2. 줄기에 생기는 병 106
줄기가 변색되고 물렀나요
땅 닿은 부분에 흰 실모양이 있나요

3. 뿌리에 생기는 병해충 107
땅 닿은 부분의 뿌리에 혹이 있나요
뿌리가 썩지 않았나요
뿌리에 혹이 많이 생겼나요
포기가 기울어져 있나요

숙근초가 잘 자라지 않는다

1. 여러 해가 지나 생육이 나빠졌다 110
용기 크기가 알맞나요
포기가 너무 크게 자라지 않았나요
가을에 비료를 알맞게 주었나요

2. 꺾꽂이했는데 자라지 않는다 116
꺾꽂이순이 마르지 않았나요

구근초가 잘 자라지 않는다

1. 병충해가 없는데 자라지 않는다　118

알맞은 깊이에 옮겨심기했나요
봄에 심은 알뿌리에 밑거름을 주었나요
물주기를 잊지 않고 했나요

2. 파낸 알뿌리가 작다　121

꽃이 진 후의 관리가 적절했나요

3. 구근초에 잘 생기는 병해충　123

알뿌리에 흰 실모양이 보이나요
알뿌리 속에 하얀 응애가 있나요
알뿌리에 곰팡이가 생겼나요
알뿌리가 물러지고 나쁜 냄새가 나나요

part 04 채소·허브류

채소가 잘 자라지 않는다

1. 열매채소류　126

열매채소를 씨앗부터 길렀는데 수확이 나쁜가요
오이가 굽고 덩굴이 잘못되었나요
토마토가 굵어지지 않나요
토마토가 잘록병에 걸렸나요
토마토잎이 전부 누렇게 되었나요
꼬투리완두의 열매가 고르지 않나요
텃밭에서 재배하는 가지가 잘 자라지 않나요
가지가 마르듯이 누렇게 변하나요
컬러피망이 크게 자라지 않고 초록색인가요
고추를 화분에 심었는데 힘이 없나요

2. 잎줄기채소류　132

브로콜리의 꽃봉오리가 작은가요
장마가 끝날 무렵 파 모양이 갑자기 나빠졌나요
배추가 결구하지 않나요

2. 뿌리채소류　133

베란다에서 고구마를 길렀는데 실패했나요
감자의 꽃을 전부 잘라버렸나요
홍당무의 무가 작은가요

허브는 어떻게 관리해야 하나

1. 요리에 주로 이용하는 허브 136

민트의 향이 나쁜가요
로즈마리가 늘어지듯이 자라지 않나요
레몬그래스를 포기나눔했나요

2. 꽃과 잎이 아름다운 허브 139

라벤더를 적합한 장소에 심었나요
라벤더의 꺾꽂이방법이 맞나요

part 05
식물의 관리

식물의 관리 Q&A 142

여름휴가로 장기간 집을 비울 때 화분은 어떻게 관리하나요
가정에서는 유리 온실과 비닐 온실 중 어느 쪽이 좋나요
온실의 출입구 방향을 어떻게 정하나요
우산이끼 때문에 곤란한데 어떻게 하나요
식물은 왜 일정한 시각에 꽃이 피나요
밑에 끈이 나와 있는 화분심기는 무엇인가요
북향 정원에 알맞은 식물은 무엇인가요
옆집을 가리기에 좋은 나무는 어떤 것인가요
여러 해 지난 나무도 된다듬질하면 젊어질 수 있나요
비료 비율이 8·8·8과 12·12·12로 된 것은 같은 것인가요
비료중독이란 무엇인가요
화학비료는 안전한가요
토질이란 무엇인가요
점토질 밭은 어떻게 개량하나요
흙만들기는 어떻게 하나요
밭의 상태를 간단히 체크할 수 있는 방법은 무엇인가요
토질개량에 구입한 퇴비 이외에 어떤 것을 사용하나요
물빠짐이 나쁜 밭은 어떻게 개량하나요
바닥덮기에 어떤 것이 있나요

■ 원예용어 guide   151

화분 식물 part 01

- 관엽식물이 잘 자라지 않는다
- 관엽식물에 생기는 병해충
- 양란이 피지 않는다, 자라지 않는다
- 화분의 꽃이 잘 자라지 않는다

화분식물류

관엽식물이 잘 자라지 않는다

관엽식물은 가정뿐만 아니라 사무실이나 레스토랑 등 실내에서 많이 기르는 식물로 피로한 눈을 편안하게 해주기도 합니다. 원래 튼튼한 식물이지만 생각처럼 잘 자라지 않아서 고민하는 경우가 많습니다.

1 종류별로 본 좋은 재배 환경

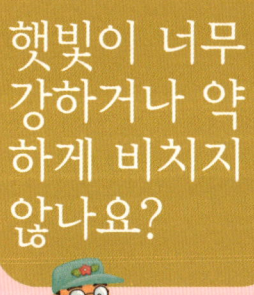

햇빛이 너무 강하거나 약하게 비치지 않나요?

전문가 advice

햇빛이 너무 강하거나 반대로 부족하면 관엽식물의 생육에 나쁜 영향을 줍니다.

강한 경우에는 잎이 시들고, 심하면 갈색이나 흑색으로 변합니다. 특히 아디안툼이나 레더펀같이 잎이 얇은 관엽식물은 나쁜 영향이 바로 나타나므로 주의해야 합니다.

햇빛이 부족한 경우에는 잎과 줄기가 약해질 뿐 아니라 포기 자체도 상하기 쉽습니다.

SOS

관리법 대부분의 관엽식물은 창가나 반그늘에 놓는 것이 좋습니다. 단, 창가에 둘 때 주의할 점은 직사광선을 쬐지 않도록 하는 것입니다. 반드시 얇은 커튼 등을 쳐서 빛의 세기가 약해진 햇빛을 쪼여줍니다.

또 날씨가 좋은 날에는 창문을 열어서 바깥 공기가 들어오게 하여 통풍이 잘되게 하는 것도 좋습니다.

물을 알맞게 주었나요?

전문가 advice

원산지인 열대지방이 아무리 습도가 높다고 해도 이것은 어디까지나 공기 중의 습도입니다. 흙이 항상 축축한 것은 아닙니다.

관엽식물이 생각대로 잘 자라지 않는 또 하나의 원인은 너무 건조하거나, 또는 너무 습하기 때문이라고 생각됩니다.

이 경우 공기 중의 습도와 흙의 습기로 나누어 생각해볼 필요가 있습니다. 대부분의 관엽식물은 흙의 표면이 건조할 때 물을 주면 가장 좋은 환경이 됩니다. 물을 너무 많이 주면 화분 속이 너무 습해집니다. 그 때문에 심할 때에는 뿌리썩음을 일으키고, 포기가 상해버립니다. 반대로 물이 부족하면 잎이 시듭니다. 포기의 아래쪽 잎이 누렇게 변해서 낙엽처럼 된다면 물이 부족한 상태입니다.

또한 공기 중의 습도가 적당해야지 건조하면 잎에 싱싱함이 없어집니다.

[온도와 햇빛으로 본 관엽식물의 위치]

따뜻하고 밝은 곳. 식당이나 거실. 대부분의 관엽식물을 놓기에 가장 알맞은 장소다.

따뜻하고 그늘진 곳. 부엌 등은 밝지는 않지만 따뜻하다. 밤에는 온도가 낮아진다. 반그늘에 알맞은 관엽식물이 좋다.

서늘하고 밝은 곳. 북향의 방 등. 밝지만 온도 확보가 매우 어려운 장소. 내한성이 있는 관엽식물이 좋다.

서늘하고 그늘진 곳. 현관이나 화장실·복도 등. 온도가 낮고 햇빛이 잘 안 든다. 그늘에 강한 일부 관엽식물만 둔다.

SOS

관리법 p.15의 표 [종류별로 본 관엽식물의 최적 재배 환경]을 참고하여 종류별로 알맞은 물주기를 합니다. 물을 줄 때에는 화분 밑으로 흘러나올 정도로 충분히 주어야 합니다. 경우에 따라서는 포기 전체에 물을 뿌려서 먼지 등을 제거하는 것도 효과적입니다.

관엽식물은 실내에서 많이 기르므로 화분 밑에 화분받침을 둡니다. 이 경우에 물을 준 후 잠시 후에 화분받침에 물이 차므로 잊지 말고 버립니다. 그렇지 않으면 화분 속에 습기가 너무 많아집니다.

한편 물을 줄 때에 1주~10일 간격으로 액체비료를 주는 것도 건강한 생육을 위해서 필요합니다. 비료가 부족하면 생육을 멈추고 잎이 떨어집니다.

잎을 자라게 하는 질소 성분이 많은 것이 좋고, 관엽식물용 액체비료를 이용하면 간편합니다.

종류별로 본 좋은 재배 환경

알맞은 온도에서 기르고 있나요?

전문가 advice

그린이라고도 하는 관엽식물은 주로 열대지방의 정글이 원산지입니다. 정글 지역은 일년 내내 기온이 높고, 습도도 높습니다.

식물을 기르는 경우, 그 식물의 원산지와 같은 환경을 만들어서 기르는 것이 가장 좋습니다. 따라서 관엽식물의 경우도 일부 예외적인 식물이 있겠지만, 온도와 습도를 높게 유지하는 것이 재배의 기본입니다.

관엽식물이 잘 자라지 않는 경우에 대부분은 기본에서 벗어난 잘못된 환경이 원인입니다.

온도가 너무 높으면 잎이 변색되는데, 특히 검게 시듭니다. 반대로 온도가 낮으면 순식간에 잎이 떨어질 수도 있으므로 주의해야 합니다.

SOS

관리법 온도는 대부분의 관엽식물이 10℃ 이상이면 쑥쑥 잘 자랍니다. 그 중에는 10℃가 안 되어도 5℃ 이상이면 자라는 종류도 있습니다. 원래 관엽식물은 튼튼한 식물입니다. 관엽식물은 5℃ 이하이면 휴면상태에 들어가 성장을 멈춥니다.

주의할 것은 얼지 않게 하는 것입니다. 0℃ 이하가 되면 대부분의 관엽식물이 손상되고 시들어버리기도 합니다.

특히 밤이나 새벽녘에 최저기온이 영하로 떨어지기 때문에 주의하지 않으면 안 됩니다. 기온 저하가 예상될 때에는 골판지로 된 상자로 푹 덮어주는 등 추위를 막을 대책을 마련합니다.

관엽식물을 심은 화분이 여러 개 있을 때에는 화분들을 되도록 한데 모으는 것만으로도 추위를 막아주는 효과가 있습니다. 또 겨울에는 큰 화분에 작은 화분을 넣어두는 것도 좋은 방법입니다. 틈새에 발포 스티로폼 조각을 채워두면 방한효과가 더 높아집니다.

[종류별로 본 관엽식물의 최적 재배 환경]

종류	온도	습도	밝기
담쟁이덩굴	저	습	명~중
아글라오네마	고	습	중~암
아디안툼	중	습~윤	중
아비스	저	습	명
아랄리아	고~중	윤	명
아레카야자	고	습	중
아라우카리아	저	건~습	명
알로에	고	윤	명
알로카시아	고	습	중
에크메아	중	습	중
엘렌 다니카	저	습	중
접학란	중	습	명~중
벵골보리수	저	건~습	명
칼라테아	고~중	습	중
크라슐라	고	윤	명
군자란	고	습	중
커피나무	중	건~습	명
고무나무	중	건~습	명
드라세나 콘신나	중	습	명
산세비에리아	고	건	명
종려죽	저	습	중~암
싱고늄	중	습	중
스파티필룸	고	습~윤	중~암
세룸	저	습	명~중

종류	온도	습도	밝기
소철	고	습	명
다니아	고	습	중
줄고사리	고~중	습	중
네프롤레피스 테디주니어	중~저	습	명
테이카카즈라	중	윤	명
디펜바키아	고	습~윤	중~암
테이블야자	중~저	습	중~암
놀리나	중	건~습	명
드라세나	중	습	중
트라데스칸티아	중~저	습	명~중
파키라	중	습	중
하트덩굴(러브체인)	중	습	중
필레아	중	습	중
빈랑나무(아레카유자)	고	습	중
피닉스	중~저	습	중
부겐빌레아	고~중	습	명
브라이달벨	고	습	중
페페로미아	중	건~습	명~중
벤자민	중	건~습	명
에피프렘넘(스킨답서스)	고~중	습	명~암
홍콩케이폭나무	중	건~습	명~중
몬스테라	고~중	습	중
유카	중~저	건~습	명
레더펀	중	습	중

❋ 온도=생육 적정온도
  고 : 약 15~30℃
  중 : 약 10~20℃
  저 : 약 5~10℃

❋ 습도=흙의 습기
  건 : 건조 경향으로 한다
  습 : 마르면 물을 준다
  윤 : 항상 젖은 상태로 한다

❋ 밝기=두는 장소를 기준
  명 : 커튼이 있는 창가
  중 : 반그늘
  암 : 그늘에서도 재배 가능

2 손상된 관엽식물을 회복시킨다

덩굴과 줄기가 웃자라지 않았나요?

전문가 advice

SOS

담쟁이덩굴과 에피프렘넘(스킨답서스) 등을 오래 기르면 덩굴과 줄기가 길게 자라서 모양이 흐트러질 때가 종종 있습니다. 이렇게 되면 밑동에 가까운 잎이 떨어져서 보기에도 좋지 않습니다.

이런 상태는 관리를 제대로 하여도 포기의 성장과 함께 어쩔 수 없이 생기게 됩니다. 그러므로 일단 많이 잘라내서 포기를 회복시킵니다.

동시에 잘라낸 덩굴이나 줄기를 이용해서 꺾꽂이하여 새로운 포기를 기를 수도 있습니다.

관리법 잘라내는 시기는 일반적으로 5월경이 적당합니다. 포기 전체의 1/4 정도까지 과감하게 잘라버립니다.

이 때 바꿔심기를 함께 하는 것이 좋습니다. 오래된 포기는 화분 속에 뿌리가 가득해서 경우에 따라서는 뿌리가 서로 엉켜서 양분이나 수분 흡수 등이 잘 안 될 수도 있기 때문입니다. 화분에서 포기를 뽑아내면 오래되거나 상한 뿌리를 제거합니다.

그 후 뿌리덩이 전체의 1/3 정도를 뿌리와 함께 잘라내고 새 흙으로 바꾸어 심습니다. 흙은 관엽식물 전용이 있으므로 이것을 이용하는 것이 편리합니다. 자른 덩굴과 줄기는 끝쪽에 어린잎이 붙어 있습니다. 이 부분을 잘라서 꺾꽂이하면 새 포기를 만들 수 있습니다. 꺾꽂이용 흙으로는 적옥토(작은 알갱이)와 하천 모래, 펄라이트, 물이끼 등을 이용할 수 있습니다.

1~수개월이면 뿌리를 내립니다. 땅 윗부분에 새 눈이 나오면 화분에 제각기 옮겨 심습니다.

[휘묻이하는 방법]

칼자국을 낸다 → 나무껍질을 벗긴다 → 적신 물이끼로 싸둔다 →

아래 잎부터 점점 위쪽으로 말라가지 않나요?

전문가 advice

드라세나·고무나무 등은 성장하면서 차츰 아래쪽 잎부터 떨어집니다. 그대로 두면 높이가 수십㎝ 또는 1m 이상 자라고, 잎이 위쪽에만 조금 남게 됩니다. 그 아래로는 잎이 없이 줄기만 있게 됩니다. 이렇게 되었을 때, 또는 어느 정도 자랐을 때에 휘묻이를 하여 포기를 회복시킵니다.

SOS

관리법

휘묻이는 5월부터 7월에 하는 것이 좋고, 기온은 20℃ 이상이면 됩니다. 방법으로는 환상박피법과 설상법 2가지가 있습니다.

두 가지 방법 모두 약간의 기술이 필요하지만 요령만 알면 누구나 할 수 있습니다.

방법은 줄기 속이 나오게 하여 적신 물이끼로 싸준 후 뿌리가 나오게 하는 것입니다. 자르지 않고 꺾꽂이를 하는 것과 같습니다. 어느 방법이나 잎이 무성한 줄기에서 조금 아래쪽의 줄기를 이용합니다.

줄기의 속을 노출시키는 방법에서 환상박피법과 설상법이 다릅니다.

환상박피법은 줄기의 껍질을 한 바퀴 돌려서 모두 벗기는 것이고, 설상법은 줄기에 칼자국을 내는 것입니다. 설상법이 작업하기에 간단합니다.

휘묻이의 포인트는 뿌리가 나올 때까지 절대로 작업한 부분을 만지지 않는 것입니다. 뿌리가 나왔는지 확인하려고 감아놓은 물이끼를 풀어 보면 나오기 시작한 뿌리에 상처가 납니다.

길어도 1개월 정도면 뿌리를 내리며, 그 후에는 겉으로도 뿌리가 성장하고 있는지 아닌지를 알 수 있습니다. 그런 후에 비로소 어미나무에서 잘라내는 것이 포인트입니다.

휘묻이할 수 있는 관엽식물은 드라세나·고무나무 외에 알로카시아·크로톤·코르딜리네·디펜바키아 등이 있습니다.

[관엽식물의 자르기와 꺾꽂이하는 방법]

밑동에서부터의 길이가 같게 자른다

자른다!

밑동에서 10㎝ 정도 올라가 잘라도 좋다

끝부분의 튼튼한 줄기를 꺾꽂이한다

적옥토(작은 알갱이) 등

손상된 관엽식물을 회복시킨다

포기가 자라서 빽빽해지지 않았나요?

아디안툼 · 레더펀 · 스파티필름 등 풀처럼 성장하는 관엽식물은 잎이 촘촘하게 납니다. 이런 상태가 되면 포기가 물러져서 생각대로 잘 자라지 않습니다.

화분 속도 뿌리가 촘촘히 자라서 뿌리로 가득 차게 됩니다. 경우에 따라서는 뿌리가 썩고 포기가 상하는 일도 있습니다.

전문가 advice

SOS

관리법

잎과 뿌리가 촘촘해지면 포기나눔하여 포기를 회복시킵니다. 포기나눔의 적기는 5~7월로 기온이 20~25℃일 때를 기준으로 합니다.

흙은 건조한 것이 작업하기 쉽기 때문에 물주기 전에 합니다.

우선 화분에서 포기를 뽑아냅니다. 뿌리가 뻗는 힘이 강하면 잘 빠지지 않을 때가 있는데, 주먹으로 가볍게 몇 번 두드리거나 화분을 흔들면 쉽게 뽑을 수 있습니다. 아무리 해도 빠지지 않는 경우에는 화분을 망치로 부수거나, 플라스틱 화분인 경우에는 큰 칼로 잘라서 벗길 수밖에 없습니다. 실제로는 이런 상태가 되기 전에 포기나눔을 해야 합니다.

뽑아내면 뿌리덩이를 막대기 등으로 풀어서 흙을 조심스럽게 떨어냅니다. 그리고 오래된 뿌리나 손상된 뿌리, 썩은 뿌리 등을 제거합니다.

포기 아래를 양손으로 붙잡고 그대로 좌우로 가릅니다. 포기는 너무 가늘게 나누지 않는 것이 다음 생육에 좋습니다. 이런 방법으로 포기를 2~3으로 나눕니다.

나눈 포기는 각각 다른 화분에 옮겨 심습니다. 흙은 관엽식물용을 이용하는 것이 편리하며, 옮겨심기할 때 뿌리를 화분 속에 잘 펴줍니다. 또 화분은 심어져 있던 화분과 같은 크기가 좋습니다. 단, 썼던 화분이 아닌 새 화분을 준비합니다. 오래된 화분에는 병원균과 해충이 있을 수 있기 때문입니다.

포기나눔 후 1개월 정도는 반그늘에 두고 보통 때와 같이 관리합니다.

[관엽식물의 포기 나누는 방법]

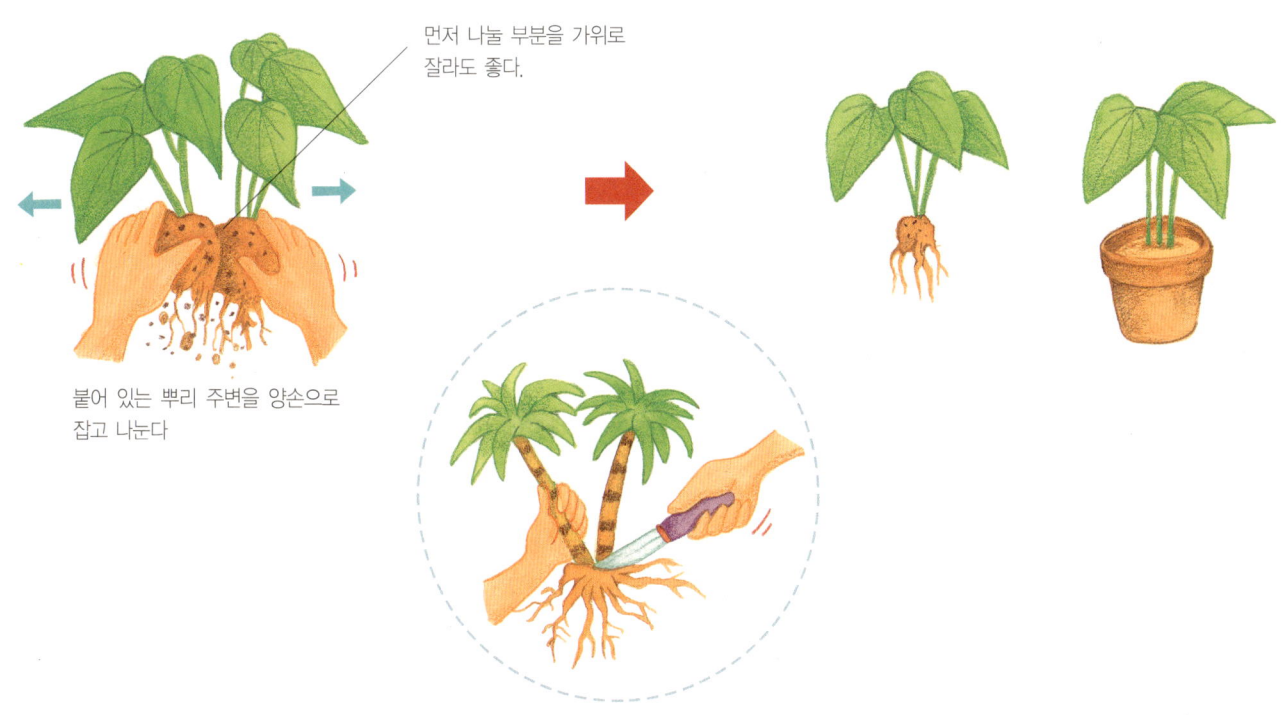

붙어 있는 뿌리 주변을 양손으로 잡고 나눈다

먼저 나눌 부분을 가위로 잘라도 좋다.

칼 등으로 나누어도 된다

관엽식물에 생기는 병해충

관엽식물도 병이나 해충으로부터 벗어날 수 없습니다. 화초와 정원수에 생기는 대부분의 병해충이 관엽식물에도 발생할 수 있습니다. 그 중에서도 관엽식물에 생기기 쉬운 병해충의 예방 및 치료방법을 설명합니다.

1 주의해야 할 병해충

잎과 줄기에 이상이 있나요?

전문가 advice

관엽식물에 생기기 쉬운 병으로는 많은 종류에 공통적으로 발생하는 흰가루병이 있습니다. 습도가 높은 장마철에 많이 발생하고, 잎이 밀가루를 바른 것처럼 하얗게 됩니다.

마찬가지로 많은 관엽식물에 발생하는 것이 잎과 줄기 등에 회색의 곰팡이 같은 것이 생기는 잿빛곰팡이병입니다. 아나나스·고무나무·드라세나·페페로미아·칼라듐 등에 잘 발생하는 것으로는 탄저병이 있습니다. 잎에 원형이나 부정형의 검은 반점이 생기는 것이 특징입니다.

산세비에리아같이 육질이 두꺼운 잎을 가진 관엽식물에 발생하기 쉬운 것은 무름병입니다. 줄기 밑이 부드럽게 썩은 것처럼 되어 결국 시들어버립니다.

관리법 어느 병이나 피해가 널리 퍼지기 전에 약을 뿌려주는 등 적절한 방법으로 치료합니다.

특히 무름병은 피해 포기를 뽑아서 태워 없애야 합니다.

해충 피해가 있나요?

전문가 advice

관엽식물에는 해충도 여러 종류가 발생합니다. 그 중에서도 관엽식물에 자주 발생하는 종류를 알아두는 것이 중요합니다.

봄부터 가을에 발생하는 것이 깍지벌레입니다. 줄기 등에 하얀 조개껍질 같은 것이 달라붙어 있기 때문에 금방 발견할 수 있습니다. 깍지벌레는 즙을 빨아먹어 포기를 약하게 만듭니다.

화초에 잘 발생하는 것으로 진딧물류가 있는데, 관엽식물에도 자주 나타나는 해충입니다. 대부분 새눈에 붙어서 즙을 빨아먹으므로 생육에 영향을 줍니다.

왠지 생육이 잘 안 되고 잎이 하얗다고 생각되면 잎응애류의 피해를 생각해야 합니다. 잎응애류도 즙을 빨아먹어 관엽식물을 약하게 합니다.

흰가루병처럼 줄기와 잎이 하얗게 되는 경우에는 온실가루이의 발생도 의심할 수 있습니다. 하얗고 작은 벌레가 있기 때문에 흰가루병과는 구별됩니다. 이 벌레가 생기면 그을음병이 생겨 포기가 보기 흉해집니다.

[관엽식물에 생기기 쉬운 병해충]

SOS

관리법 해충이 발생하면 바로 적절한 방법으로 잡아야 합니다.

약을 뿌려줄 뿐만 아니라, 피해가 적은 경우에는 깍지벌레를 오래된 칫솔로 비벼서 떨어뜨리는 등 물리적인 방법도 효과적입니다.

그리고 무엇보다 중요한 것은 병해충이 발생하지 않는 환경을 만드는 것입니다.

화분을 놓을 때에는 겨울철 방한 목적 이외에는 알맞게 사이를 두어 통풍이 잘되게 하고, 물과 비료를 바르게 주며, 옮겨 심을 때에는 깨끗한 화분을 사용하고, 흙도 새것을 사용하는 등이 포인트입니다.

[병해충이 생기지 않는 환경 만들기]

화분은 깨끗한 것을 사용한다

화분의 간격을 적당히 벌린다

봄부터 가을에 걸쳐 미리 살충제와 살균제를 뿌려도 효과적이다

물과 비료는 알맞게 준다

흙은 새것을 사용한다

[관엽식물에서 주의해야 할 병해충]

병해충명	증상	발생 종류	발생 시기	구제 방법
깍지벌레류	바깥쪽이 등딱지 등으로 덮인 벌레가 가지와 잎에 붙어서 피해를 준다. 심하면 그을음병이 된다	대부분	1년 내내	봄부터 가을의 유충기에 메치온·디메토를 뿌린다. 성충에게는 약효가 없다
뿌리가루깍지벌레	뿌리에 하얀 벌레가 생긴다	아나나스·에피시아·산세비에리아	1년 내내	에카틴 TD제, 수프라사이드 입제 등을 흙에 뿌린다
진딧물류	새눈이나 꽃 등 연한 부분에 황색이나 흑색의 작은 벌레가 생긴다	크로톤·홍죽·드라세나·부겐빌레아·페페로미아	봄~가을	에카틴·디디브이피를 뿌리거나 올트란 입제를 흙에 뿌린다
잎응애류	건조하면 생기기 쉽다. 즙액을 빨아 먹어서 하얗고 작은 반점모양이 되고, 심해지면 잎이 떨어진다	대부분	봄~가을	디코폴·테트라디폰·말라티온 등을 뿌린다
민달팽이	새 잎이나 꽃눈 등 연한 부분을 먹는다	아디안툼·아스플레늄·안스륨	1년 내내	메타알데히드 등을 화분흙 위에 뿌린다
선충(네마토다)	땅 닿은 부분의 줄기나 땅 속의 뿌리가 혹모양으로 부풀고, 땅 윗부분이 시든다	호야	1년 내내	꺾꽂이로 재생시킬 수밖에 없다. 흙은 사용하지 않거나 토양소독제를 이용한다
탄저병	잎에 원형 또는 부정형의 잿빛 반점이 생긴다	아나나스·크로톤·고무나무·드라세나·호야	봄~가을	만코지 수화제, 베노밀, 톱신M 등을 뿌린다
점무늬병	잎에 회갈색의 작은 반점이 많이 생긴다. 심하면 구멍이 생긴다	대부분	봄~가을	만코지 수화제, 베노밀, 톱신M 등을 뿌린다
갈반세균병	처음에는 물에 잠긴 듯한 작은 반점 모양인데, 점점 부정형의 갈색 병반이 나타나고 마침내 잎이 시든다	안스륨·싱고늄·디펜바키아·에피프렘넘	봄~가을	다이센 M-45, 베노밀을 뿌린다
흰가루병	어린잎이나 줄기의 표면에 하얀 곰팡이가 생겨서 흰 가루를 뿌린 것처럼 된다	베고니아	봄~가을	톱신M이나 베노밀 등을 뿌린다

화분식물류

양란이 피지 않는다, 자라지 않는다

어디엔가 선물할 일이 생기면 가장 먼저 생각나는 것이 양란입니다. 양란은 꽃이 아름답기 때문에 선물용 화분으로 가장 인기가 많습니다. 그러나 종류가 매우 많고 관리 방법도 제각기 달라서 일어나는 문제도 여러 가지입니다. 양란에 공통적으로 나타나는 문제들을 알아보고 해결방법을 찾아봅니다.

1 온도와 일조량의 조절 방법

월동 온도가 잘못되지 않았나요?

전문가 advice

양란은 겨울에 실내에서 자랍니다. 그런데 실내의 온도 관리를 잘못하면 바로 포기가 시들어버립니다. 특히 일반적으로 밤에 기온이 떨어져, 새벽녘에는 실내도 영하로 내려가는 경우가 있습니다.

관리법 최저 월동 온도는 종류에 따라 다릅니다. 카틀레야 8℃, 팔레놉시스(호접란)는 15℃, 심비듐 7℃, 덴드로븀 5℃, 파피오페딜룸 5℃, 온시듐 5℃, 반다 10℃가 기준입니다.

야간, 특히 최저기온으로 떨어지는 새벽녘이 최저온도보다 더 떨어질 경우에는 양란을 골판지 상자로 씌워서 보호해야 합니다.

직사광선을 막아주며 길렀나요?

전문가 advice

양란은 대부분이 직사광선을 쬐면 상합니다. 그 때문에 보통은 한랭사 등으로 빛을 막아주며 기릅니다. 특히 온시듐 이외에는 봄부터 여름에 걸쳐 실외에 두므로 직사광선에 주의해야 합니다.

SOS

관리법 카틀레야는 봄에 30%, 여름에 40~50%, 가을~겨울은 10~20% 빛을 막아주어야 합니다.

호접란은 봄~여름은 60% 정도, 가을~겨울은 30%의 차광이 필요합니다.

심비듐과 덴드로븀은 한여름에 20~30% 차광해야 하지만, 그밖에는 직사광선을 지나치게 쬐지 않으면 괜찮습니다.

파피오페딜룸은 초여름~여름은 60%, 가을~겨울은 30%, 봄은 50% 정도 차광해야 합니다.

온시듐은 초여름~여름은 40~50%, 가을~봄은 30% 정도 차광해야 합니다.

반다는 여름은 40~50%, 가을~봄은 30% 정도 차광이 필요합니다.

이렇게 볼 때 심비듐과 덴드로븀은 양란 중에서도 비교적 기르기 쉬운 종류라고 할 수 있습니다.

단, 심비듐은 최저온도 외에 야간의 최고온도가 15~20℃ 이하여야 합니다. 파피오페딜룸은 얼룩이 있는 종류일 경우 야간 최고온도가 10℃ 이하여야 합니다.

바꿔심기와 포기나눔을 하였나요?

전문가 advice

양란은 팔레놉시스(호접란)를 제외하고는 모두 자라면서 바꿔심기와 포기나눔으로 포기를 새롭게 나누지 않으면 생육이 나빠집니다.

분갈이는 봄·가을에 하는데, 되도록 1년에 한 번씩 하는 것이 좋습니다. 포기나눔은 양란을 늘리는 손쉬운 방법이며, 화분의 공간을 만들어주어 뿌리의 통풍을 좋게 함으로써 양란에 활력을 줍니다.

SOS

관리법 포기가 커져서 화분 가득히 차서 넘치거나 심은 재료가 오래된 경우에는 봄에 바꿔심기와 포기나눔을 해야 합니다.

양란을 심을 때 재료는 물이끼·바크(나무껍질)·경석 등 보수성이 좋고 통기성과 물빠짐이 좋은 것을 사용합니다. 원칙적으로 흙은 사용하지 않으며, 종류에 따라 심을 때 넣을 재료를 고릅니다.

[카틀레야의 포기나눔 방법]

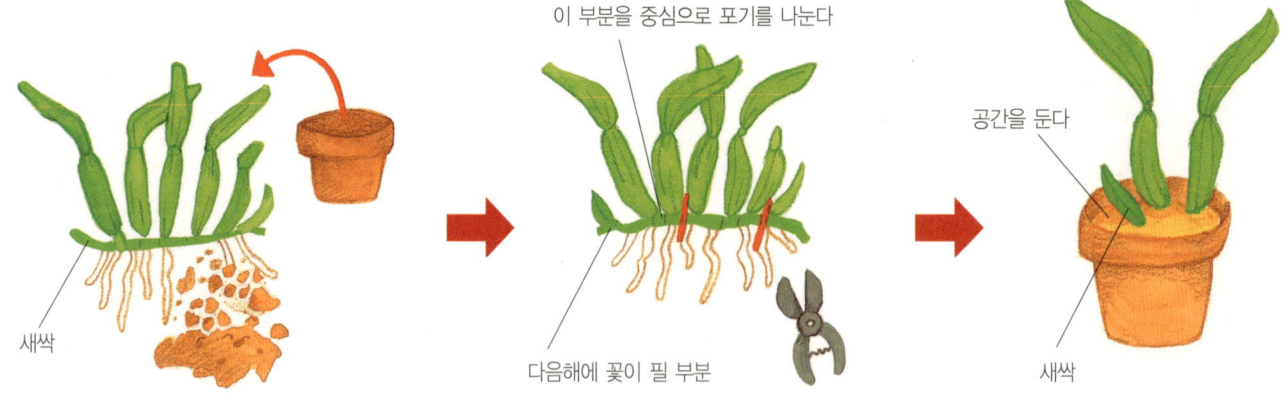

[심비듐의 포기나눔 방법]

알고있나요?

심비듐의 바꿔심기 · 포기나눔

꽃이 피어 있는 심비듐을 구입했을 때, 뿌리가 화분 가득히 자라서 화분 가장자리까지 밀려올라온 경우가 있다. 이 상태를 뿌리 엉킴이라고 하며, 물을 주어도 충분히 스며들지 않고 새 뿌리가 자랄 수도 없다. 이른 봄에 화분에서 뽑아내 뿌리를 30~40% 풀어준 후 한 단계 큰 화분에 바꿔심기한다. 이 때 포기를 작게 나누면 다음해에 꽃이 피지 않는다. 포기나눔은 포기가 꽤 커진 후에 2개 이상으로 나눈다. 심비듐은 최소한 알뿌리모양의 줄기가 3~4개 붙어 있는 것을 1포기로 하고, 그 이상 작으면 안 된다.

2 양란에 잘 생기는 병해충

밑동이 썩고 있나요?

전문가 advice

SOS

양란의 병 중에서 비교적 자주 발생하는 것이 무름병입니다. 밑동이 갈색이 되어 물러지고 녹듯이 썩어갑니다. 세균성 병이므로 다른 포기에도 전염되어 피해가 커집니다.

관리법 무름병은 양란에 치명적인 피해를 주는 병으로, 주로 여름철에 통풍이 나쁘면 발생하며 처음에는 잎이 깨끗합니다.

증상이 가벼울 때 스트렙토마이신 등의 살균제를 뿌립니다. 단, 병든 포기는 뽑아서 태워 없앱니다.

진딧물과 깍지벌레가 있나요?

전문가 advice

SOS

양란에 공통으로 발생하는 대표적인 해충이 진딧물과 깍지벌레입니다. 모두 즙을 빨아먹어서 포기를 약하게 만듭니다.

진딧물은 건조할 때 많이 발생하며, 바이러스를 전염시키므로 주의해야 합니다. 깍지벌레는 고온 건조하고 통풍이 좋지 않을 때 잘 생깁니다.

관리법 진딧물은 새싹이나 꽃 등에 생겨서 즙을 빨아먹으며, 깍지벌레는 주로 잎 뒷면에 발생합니다.

해충이 발생한 포기를 발견하면 바로 살충제를 뿌립니다. 또한 오래된 칫솔 등으로 문질러서 잡을 수도 있습니다.

화분식물류

화분의 꽃이 잘 자라지 않는다

시중에 여러 가지 화분식물이 많이 판매되고 있으며, 대부분의 가정에서 장식용으로 한두 개 정도는 구입해서 기르고 있습니다. 그런데 이런 화분식물에 자주 나타나는 문제점이 꽃이 피지 않거나 적게 핀다는 것입니다.

1 베고니아가 잘 자라지 않는다

일조량이 부족하지 않나요?

전문가 advice

베고니아는 크게 꽃 베고니아, 관엽 베고니아, 목성(木性) 베고니아로 나뉘며, 각 종류별로 매우 다양한 베고니아가 있습니다. 여기서는 실내에서 주로 기르는 꽃 베고니아 종류의 엘라티오르 베고니아(리거스베고니아)에 대해 알아봅니다.

엘라티오르 베고니아는 구입할 때에는 대부분 꽃이 많이 피어 있습니다. 그러나 차츰 꽃이 적어지고, 모처럼 생긴 꽃봉오리도 툭툭 떨어져버리는 문제가 적지 않게 생깁니다. 원래 이 식물은 1년 내내 꽃이 피는 것이므로 안타까운 일입니다.

꽃이 떨어지는 주요 원인은 일조량 부족이라고 할 수 있습니다. 더불어 건조한 환경이 문제를 보다 심각하게 만듭니다.

SOS

관리법 햇빛이 잘 드는 거실이라도 창에서 조금 떨어지면 빛이 약해집니다. 그 때문에 얇은 커튼 너머로 햇빛이 잘 드는 창가에 두는 것이 가장 좋습니다.

또한 통풍이 잘되도록 따뜻한 날은 창을 열어둡니다. 막혀 있는 실내, 난방으로 공기가 건조한 장소는 피하는 것이 좋습니다.

[엘라티오르 베고니아의 관리 방법]

햇빛이 부드럽게 비친다
얇은 커튼
햇빛이 잘 드는 창가

날씨가 좋은 날에는 창을 열어 통풍이 잘되게 한다

난방기
절대로 난방기 바람이 닿지 않도록 한다
공기가 건조한 곳도 좋지 않다

베고니아가 잘 자라지 않는다

꺾꽂이 방법이 잘못되지 않았나요?

전문가 advice

엘라티오르 베고니아는 꺾꽂이로 포기를 늘릴 수 있습니다.

그리고 엘라티오르 베고니아는 크게 나누어 꽃잎이 홑잎인 것, 반 겹잎인 것, 겹잎인 것 등 3종류가 있고, 종류에 따라 꺾꽂이 방법도 다릅니다.

꺾꽂이를 하였는데 뿌리를 내리지 않아서 실패하는 원인의 대부분은, 꺾꽂이 방법이 그 종류에 맞지 않기 때문입니다.

3종류 중 홑잎인 것은 생육이 빠른 것이 특징입니다. 이에 반해서 반 겹잎이나 겹잎은 꽃봉오리가 생기고 나서 꽃이 피기까지 조금 오래 걸립니다. 단, 내한성이 뛰어나기 때문에 관리는 비교적 쉽습니다. 특히 반 겹잎인 종류는 내서성(더위를 견디는 성질)도 뛰어납니다.

SOS

관리법 엘라티오르 베고니아는 끝눈꽂이(정아삽)나 잎꽂이 중 종류에 따라 알맞은 방법으로 꺾꽂이를 합니다.

겹잎인 종류의 일부는 끝눈꽂이로 하고, 반 겹잎과 홑잎은 잎꽂이로 합니다.

끝눈꽂이은 포기의 맨 꼭대기를 잎을 2~3장 붙여서 잘라 꺾꽂이순으로 이용합니다. 작업에 알맞은 시기는 봄부터 여름입니다.

이에 반해서 잎꽂이는 새잎을 잎자루를 2~3cm 붙여서 잘라 꺾꽂이순으로 이용합니다. 가을부터 다음해 3월경까지가 적기입니다.

상토는 펄라이트 또는 적옥토(작은 알갱이)와 피트모스를 같은 양으로 섞어서 3호 정도의 비닐포트에 넣고 꺾꽂이순을 꽂습니다. 어느 방법이나 모두 꽂고 나서 약 1개월이면 뿌리를 내립니다.

이 때 주의할 것은 잎꽂이를 했을 때의 관리입니다.

보통 잎꽂이를 하고 3~4개월이면 꽃이 피지만, 잎꽂이의 적기인 가을부터 다음해 봄까지는 일조시간이 짧기 때문에 꽃눈이 생기지 않습니다. 그래서 꺾꽂이를 한 후에 장일처리(빛을 오래 쪼여주는 것)를 해줘야 합니다.

햇빛이 없어지면 다시 5시간 정도 전등으로 비춰줍니다. 이것으로 장일처리가 되어 꽃눈이 생깁니다.

또 꺾꽂이하고 3~4개월 후에 꽃이 피지 않아도 괜찮은 경우에는, 시간은 조금 걸리지만 꽃은 피므로 장일처리를 하지 않아도 됩니다.

끝눈꽂이를 한 경우에는 순조롭게 자라면 꺾꽂이하고 3개월 정도면 꽃이 핍니다.

또 두 가지 방법 모두 꺾꽂이한 후에 어느 정도 자라면 화분을 갈아서 길러야 합니다. 끝눈꽂이는 꺾꽂이 후 3개월 정도, 잎꽂이는 새눈이 5cm 정도 되었을 때가 기준입니다. 5호 화분 정도에 옮겨 심으면 좋습니다. 흙은 화분식물용을 이용하는 것이 편리합니다.

화분의 호수는 크기를 나타내는 단위로, 1호가 지름 약 3cm이고, 3호는 지름 9cm 정도입니다.

[엘라티오르 베고니아의 꺾꽂이 방법]

잎꽂이

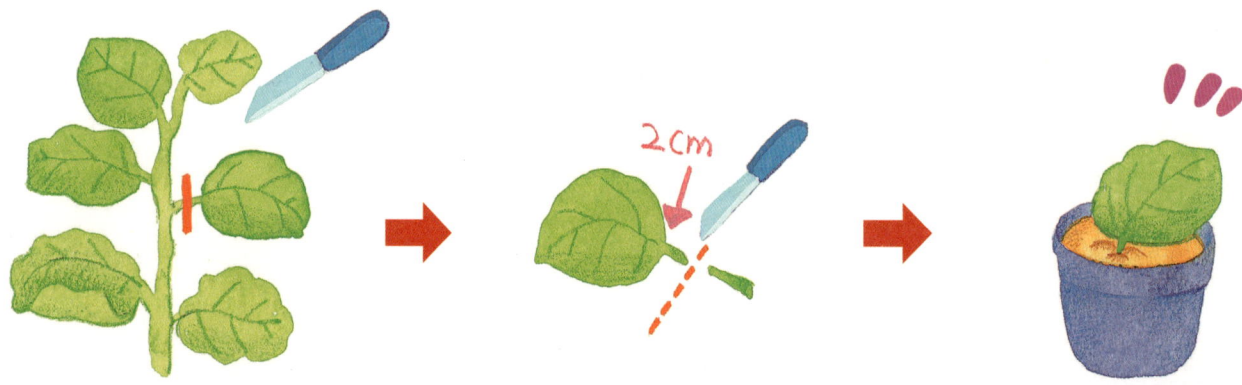

끝에서 3장째 정도의 잎을 자른다   잎자루 부분을 꽂는다

2 포인세티아가 붉어지지 않는다

단일처리를 하였나요?

전문가 advice

포인세티아는 늘푸른떨기나무이기 때문에 한 해만 즐기는 것이 아니라 매년 즐길 수 있습니다. 그런데 다음 시즌에 잎이 생각했던 대로 붉어지지 않는 문제가 자주 생깁니다. 원인은 단일처리를 하지 않았기 때문입니다.

포인세티아는 일조시간이 10시간 이하가 안 되면 잎이 붉어지지 않습니다. 그러나 포인세티아는 실내에서 많이 기르는 화분식물입니다. 그러므로 해가 짧아져도 조명이 있어서 빛을 쬐는 시간이 10시간 이하가 안 됩니다.

SOS

관리법 포인세티아의 잎을 새빨갛게 만들기 위하여 10월에 들어서면 단일처리를 해야 합니다. 저녁 6시가 되면 골판지상자 등으로 포기 위에서부터 푹 씌웁니다. 그리고 다음 날 아침 8시경에 벗깁니다. 이렇게 하면 일조시간이 10시간이 되어 마침내 잎이 빨갛게 되기 시작합니다. 또한 밤에 온도를 10℃ 이하로 유지하면 보다 선명한 색이 됩니다.

포인세티아의 꽃처럼 보이는 새빨간 잎은 실제로는 포(苞)라고 불리는 것으로, 옆에 꽃이 달린 특수한 잎입니다. 포엽이라고도 하며, 색은 빨강 이외에 분홍색과 하양 등이 있습니다.

끝눈꽂이

끝에서 잎을 2장 정도 붙여서 자른다 → 줄기의 끝부분 → 잎줄기가 갈라지는 부분까지 꽂는다

3 게발선인장이 잘 자라지 않는다

단일처리를 했나요?

전문가 advice

게발선인장을 구입했을 때에는 꽃이 많이 피어 있었는데, 다음해에는 꽃이 전혀 피지 않는 경우가 있습니다. 꽃봉오리가 거의 없고, 있어도 극히 적은 경우입니다.

이것은 게발선인장이 단일식물인데, 이런 특성에 맞춰서 일조시간을 조절하지 않았기 때문입니다. 게발선인장은 일조시간이 12시간 이하여야 비로소 꽃눈이 생기는 성질을 갖고 있습니다.

게발선인장은 실내에서 기르는 경우가 많습니다. 그 때문에 실외의 일조시간이 짧아져도 밤에 조명 때문에 꽃눈이 생기지 않습니다.

SOS

관리법 게발선인장은 단일식물로, 실내에서 게발선인장을 기르는 경우에는 인위적으로 단일상태를 만들어주어야 꽃눈이 생깁니다. 10월부터 12월까지 매일 저녁부터 다음날 아침까지 빛을 쬐지 않도록 합니다.
단일식물은 일조시간이 길어지면 꽃눈이 억제되고, 짧아지면 꽃눈이 촉진되는 식물입니다. 여름부터 가을에 꽃이 피는 식물들에 많이 있습니다. 그 반대가 장일식물입니다.
가장 손쉬운 단일처리 방법이 골판지상자를 거꾸로 해서 화분의 위에서부터 푹 씌우는 것입니다. 저녁 6시경에 씌우고 다음날 아침 8시경에 벗기면, 햇빛을 쬐는 시간이 10시간이 되어 꽃눈이 생깁니다.

난방이 잘 되는 실내에 두었나요?

전문가 advice

화분에 심어져 있는, 꽃봉오리가 많이 달린 게발선인장을 샀는데 꽃봉오리가 점점 떨어질 때가 있습니다.

이것은 갑작스런 환경 변화가 주된 원인인 경우가 많습니다. 생산자는 이상적인 환경에서 화분 가꾸기를 합니다. 그러나 일반 가정에서는 이상적인 환경을 만들어 관리하기가 쉽지 않습니다. 특히 꽃봉오리는 환경의 변화에 약하기 때문에 구입과 동시에 꽃봉오리가 떨어지는 일이 흔하게 일어납니다. 난방으로 실내가 건조하면 꽃봉오리가 더 빨리 떨어집니다.

SOS

관리법 처음 구입할 때 꽃봉오리보다 꽃이 많이 붙어 있는 것을 고르는 것이 포인트입니다. 단, 이 경우에 피어 있는 꽃이 지면 그 후에 피는 꽃은 아주 적어집니다.

꽃봉오리가 떨어지지 않게 하는 방법은 건조해지지 않게 하는 것입니다. 즉, 매일 분무기 등으로 잎에 물을 뿌리고, 밤에는 화분째 빈 양동이에 넣고 뚜껑을 덮거나 비닐봉투를 푹 씌워둡니다.

구입한 후에 갑자기 난방이 잘되는 실내에 두면 갑작스런 온도 변화로 꽃봉오리가 떨어집니다. 따라서 구입 후 곧바로 실내에 놓지 말고 실외에 두면 꽃봉오리가 떨어지는 것을 줄일 수 있습니다. 단, 서리가 내리기 전까지입니다.

[게발선인장의 관리 방법]

꽃봉오리가 떨어지는 것을 막는다

잎에 물을 뿌린다

밤에 화분 위에서부터 푹 씌워둔다

꽃솎기

꽃이 진다

잎을 1장 붙여서 딴다

단일처리를 한다

저녁부터 다음날 아침까지 덮어둔다(10~12월)

꽃이 많이 핀다

2년마다 바꿔 심었나요?

전문가 advice

게발선인장을 제대로 관리해서 2년 정도 기르면 뿌리가 가득 찰 만큼 자랍니다. 뿌리가 가득 차면 곧바로 성장을 멈추고 뿌리 썩음을 일으킬 수도 있습니다. 그 때문에 2년마다 바꿔 심어야 합니다.

SOS

관리법 화분에서 포기를 뽑아내 오래되고 손상된 뿌리, 썩은 뿌리 등을 제거합니다. 바꿔 심을 화분은 이전의 화분보다 한 단계 큰 것으로 합니다.

흙은 게발선인장 전용이 있으므로 이것을 사용하면 간편합니다. 직접 배합하여 사용할 경우에는 적옥토(중간 굵기)와 부엽토·녹소토를 각각 같은 양으로 섞습니다.

[게발선인장의 바꿔심기]

뽑아낸다 → 오래되고 상한 뿌리 등을 제거한다 / 전용 흙이 사용하기 편리하다 → 한 단계 큰 화분

꺾꽂이를 올바르게 하였나요?

전문가 advice

게발선인장을 꺾꽂이하여 늘리는 재미는 여간 쏠쏠한 게 아닙니다. 그런데 뜻밖에 잘 자라지 않고 시들어버리는 경우가 있습니다.

대부분의 실패는 꺾꽂이 과정이 잘못되었기 때문입니다. 가장 많은 잘못이 잎을 가위로 자르는 경우입니다. 가위로 자르면 자른 부분의 조직이 손상됩니다. 또 잎을 1장밖에 자르지 않는 경우도 있습니다. 관리가 적절하지 않으면 자라지 않습니다. 또는 꺾꽂이할 흙을 잘못 선택해도 뿌리가 썩을 수 있습니다.

SOS

관리법 게발선인장의 꺾꽂이는 봄에 합니다. 잎은 반드시 예리한 칼을 사용해서 잘록한 부분을 자릅니다. 2장 또는 3장 단위로 자르는 것이 포인트입니다.
상토는 펄라이트(작은 알갱이) 4+피트모스 4+버미큘라이트 2, 또는 펄라이트(작은 알갱이) 5+피트모스 5로 배합하여 자른 잎을 3개씩 꽂습니다.
이끼류나 적옥토 등을 사용하면 뿌리가 썩는 경우가 많습니다.

[게발선인장의 꺾꽂이 포인트]

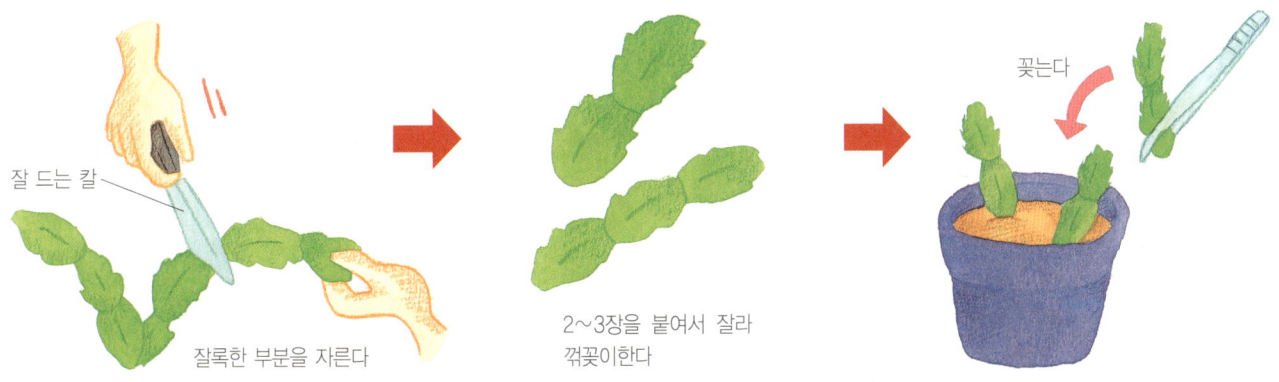

잘 드는 칼 / 잘록한 부분을 자른다 / 2~3장을 붙여서 잘라 꺾꽂이한다 / 꽂는다

4 시클라멘이 잘 자라지 않는다

일조량이나 비료가 부족하지 않나요?
전문가 advice

처음 시클라멘을 기르기 시작했을 때에는 튼튼하고 꽃의 색도 선명했는데, 나중에 꽃이 적어지고 꽃의 색이 바래는 일이 자주 있습니다. 원인이 2가지일 수 있는데, 하나는 일조량 부족, 다른 하나는 비료 부족입니다.

일조량이 부족하면 포기 전체가 약해집니다. 또 실내에 둔 경우에 온도가 너무 높아져도 같은 상태가 됩니다.

꽃이 많이 피게 하려면 비료도 필요합니다. 시클라멘은 꽃이 잇달아 피기 때문에 그 만큼 비료가 많이 필요합니다.

SOS

🏥 **관리법** 시클라멘을 실내에서 기르는 경우에는 햇빛이 잘 드는 곳에 두어야 합니다. 단, 직사광선은 좋지 않으므로 얇은 커튼 너머로 햇빛이 들어오는 창가 등이 가장 적합합니다.
한겨울에도 따뜻한 날을 잡아서 실외에 내놓고 일광욕을 시키면 포기가 튼튼하게 자랍니다.
또 비료는 실내에 두는 것이므로 액체비료를 정기적으로 주는 것이 손쉽고 확실합니다. 이 경우에는 꽃의 성장에 도움이 되는 인산 성분이 많은 타입이 적당합니다. 1주~10일에 1회 정도 물 대신 주는 것이 좋습니다.

[시클라멘에 알맞은 장소]

창가

얇은 커튼

햇빛이 부드럽게 비친다

날씨가 좋은 날에는 집밖에 내놓으면 좋다

―시클라멘이 잘 자라지 않는다

꽃에 물을 뿌렸나요?

시클라멘은 빨강이나 분홍색 계통이 인기 있습니다. 9월 이후 기온이 내려갈 때에는 생육이 왕성해지므로 물을 더 주고 꽃대가 올라오기 시작하면 물을 줄여서 개화를 촉진합니다.

그런데 애써서 피운 시클라멘의 꽃에 갈색의 얼룩 같은 것이 생길 때가 있습니다. 이것은 물을 줄 때 꽃에 뿌렸기 때문입니다.

전문가 advice

SOS

🏥 **관리법** 시클라멘에 물을 줄 때에는 꽃 위에서 바로 뿌리지 말고, 줄기 아래쪽에 흘러 들어가게 주어야 꽃에 얼룩이 생기지 않습니다.
포기 위쪽에서 물을 줄 경우에, 꽃이 손상될 뿐만 아니라 병에도 걸리기 쉬우므로 피해야 합니다.

곰팡이 같은 것이 생기지 않았나요?

전문가 advice

꽃과 잎에 얼룩 같은 것이 생기고, 그 위에 잿빛 곰팡이가 퍼지는 것 같을 때가 있습니다. 꽃은 그대로 시들어서 떨어집니다.

전형적인 잿빛곰팡이병(보트리스병)의 증상으로 시클라멘에 매우 많이 발생합니다.

SOS

관리법 잿빛곰팡이병의 증상을 발견하면 되도록 빨리 이프로 수화제나 베노밀을 뿌립니다. 약은 실내에서 뿌리면 안 됩니다. 반드시 실외에 내놓고 뿌립니다. 베란다에서 뿌릴 때에는 화분에 큰 비닐봉투 등을 씌우고 그 안에서 뿌리면 약이 사방으로 퍼지지 않습니다.

또한 잿빛곰팡이병은 저온과습 상태에서 걸리기 쉽기 때문에, 특히 통풍이 좋지 않고 습기 찬 장소에는 가능하면 두지 않는 것이 예방법입니다.

또 마른 잎과 시든 꽃이 남아 있는 곳에서도 잿빛곰팡이병이 발생하기 쉽습니다. 꽃이 시들고 잎이 마르면 바로 제거하는 것도 병의 예방에 도움이 됩니다.

꽃이 시들었을 때에는 꽃만 따지 말고, 꽃줄기의 밑동을 엄지와 집게손가락으로 잡고 돌리면서 따면 쉽게 딸 수 있습니다.

[시클라멘의 꽃솎기 방법]

시든 꽃

다른 꽃과 잎에 상처가 나지 않도록 조심해서 벌린다

꽃이 진 꽃줄기의 밑동을 엄지와 집게손가락으로 잡고 돌리면서 딴다

꽃모양을 만들어 주었나요?

전문가 advice

시클라멘을 처음 구입했을 때에는 꽃이 포기 가운데에 예쁘게 모여 있었는데, 곧이어 꽃이 제각기 흩어지고 줄기나 잎이 뒤섞여 헝클어진 듯할 때가 자주 있습니다. 이것은 병이거나 관리를 잘못했기 때문이 아닙니다. 시클라멘은 본래 꽃이 포기 가운데로 모이는 성질이 아닙니다.

그러나 보기 좋게 인위적으로 꽃이 포기 가운데에 모이도록 만들어서 파는 것입니다.

SOS

관리법 꽃을 포기 가운데에 모아서 보기 좋게 만드는 작업을 '꽃모양 만들기'라고 합니다. 인위적이긴 하지만 꽃이 포기 가운데에 모여 있는 것이 확실히 보기 좋습니다. 그러므로 1~2주에 1회 정도 꽃줄기를 포기 가운데로 모아줍니다.

[꽃모양 만드는 방법]

잠깐이면 꽃이 제각기 흩어진다

잎을 펼쳐서 꽃줄기를 중심으로 정리한다

보기 좋게 정리한다

여름나기에 실패하지 않았나요?

전문가 advice

시클라멘은 잘 키우면 몇 년 동안 꽃을 즐길 수 있습니다. 그러나 다음해에 꽃이 필 때가 되어서도 꽃이 피지 않는 일이 자주 있습니다.

대부분의 경우 여름나기에 실패했기 때문입니다. 시클라멘은 여름철의 고온 다습한 기후를 매우 싫어합니다.

다음 해에 성장하지 않는 것은 한여름의 더위와 습기 때문에 포기가 손상된 것이 원인입니다.

SOS

관리법 시클라멘의 여름나기 방법은 2가지 입니다. 하나는 꽃이 져도 잎이 시들지 않는 경우, 다른 하나는 잎도 함께 시드는 경우입니다.

잎이 마르지 않았을 때에는 5~6월에 실외의 통풍이 잘되는 서늘한 장소에 둡니다. 물과 비료도 정기적으로 빠뜨리지 않고 줍니다. 가을이 되면 한 단계 큰 화분으로 옮겨 심어 실내에 들여놓습니다.

꽃이 지는 것과 함께 잎이 시든 경우에도 마찬가지로 통풍이 잘되는 서늘한 장소에 둡니다. 단, 이후에 물주기를 멈추고, 비료도 일절 주지 않습니다.

가을이 되면 알뿌리를 파내어 알뿌리 아래쪽에서 나오는 뿌리를 3~4cm 남기고 자른 후, 새 흙에 옮겨 심습니다. 흙은 시클라멘 전용을 사용하면 간편합니다. 옮겨심기할 때에는 알뿌리의 위쪽이 조금 나오는 깊이로 심습니다.

[시클라멘의 여름나기]

실외의 통풍이 잘되는 그늘에 둔다

물주기와 비료 주는 것을 계속한다

잎이 시든 것은 물도 비료도 주지 않고 그대로 둔다

잎이 있는 것

[좋은 흙의 8가지 조건]

통기성이 좋다
흙 속에 신선한 공기를 지닐 수 있는 흙이다. 건조하기 쉬운 흙은 물을 자주 주어야 하지만, 신선한 공기를 흙에 넣어줄 수 있어서 뿌리의 생육이 좋아진다.

물빠짐이 좋다
필요 이상의 물이 화분의 밑바닥에 남아 있으면 뿌리썩음병의 원인이 되기 때문에 여분의 물이 흘러나가기 쉬운 흙이 좋다. 화분이나 플랜터의 바닥에 화분자갈이나 발포 스티로폼 조각을 까는 것도 같은 이유이다.

유기물을 포함하고 있다
부엽토나 퇴비 등의 유기물을 적당히 포함하고 있는 흙은 유용한 미생물이 활발히 활동하여 토질을 개량한다. 또한 잘 못해서 비료를 진하게 준 경우에 쇼크를 완화시키는 역할도 한다.

보비성이 있다
뿌려준 비료가 물을 주었을 때 바로 흘러나가지 않고 적당히 유지되며, 뿌리에 양분을 천천히 전해주는 것이 이상적이다.

적당한 보수성
보수성이 너무 좋으면 흙 속에 공기의 양이 부족하여 산소 부족이 된다. 갑자기 건조하지 않을 정도로만 보수성이 있으면 된다.

청결
유해한 병원균, 해충의 알, 잡초의 씨앗 등이 들어 있지 않은 흙이다. 특히 실내식물이나 씨뿌리기용 흙은 깨끗한 것을 사용하는 것이 기본이다.

산도(pH)
보통 식물의 흙은 약산성(pH5.5~6.5)이 기본이다. 알칼리성이 되면 미량요소의 흡수가 나빠지고, 강산성이 되면 뿌리가 생육장해를 일으키기 쉽다. 일반적으로 알칼리성 흙에는 산도 조정이 안 된 피트모스, 산성인 흙에는 석회를 혼합하여 pH를 조정한다.

무겁지도 가볍지도 않다
흙이 가벼우면 포기가 쓰러지기 쉽고, 너무 무거우면 가루 모양의 미세한 흙이 많아서 물빠짐이 나빠진다. 이상적인 흙은 너무 무겁지도 너무 가볍지도 않으며, 흙 1ℓ 의 무게가 400~600g인 것이다.

정원수 part 02

- 나무가 크게 자라지 않는다
- 나무에 생기는 병해충

정원수류

나무가 크게 자라지 않는다

정원수 등의 나무는 한번 심으면 바꿔심기가 어렵습니다. 몇 년에 걸쳐 크게 자라기 때문입니다. 1년초와는 달리 잘 자라지 않거나 시들어버리면 매우 곤란해집니다.

1 옮겨 심은 묘목이 자라지 않는다

좋은 묘목을 골라서 옮겨 심었나요?

전문가 advice

정원수를 기를 경우 보통 화원 등에서 묘목을 구입하여 심는 것이 대부분입니다. 될성부른 나무는 떡잎부터 알아본다는 말처럼, 이 때 좋은 묘목을 선택했는지 아닌지에 따라 옮겨 심은 후의 생육에 큰 차이가 납니다.

묘목의 선택 기준은 기본적으로 생긴 모양이 아닙니다. 처음에 모양이 너무 볼품없는 것은 피해야 하지만, 보다 중요한 것은 옮겨 심은 후에 잘 자랄 수 있는 건강한 묘목인가 하는 것입니다.

일반적으로 묘목은 뿌리 주위에 흙이 붙어 있고, 흙 주위를 짚 등으로 싸두었습니다. 땅 윗부분의 모양이 아무리 좋아도 뿌리에 힘이 없으면 잘 자라지 않고, 때로는 말라버릴 수 있습니다.

SOS

관리법 좋은 묘목을 선택하는 기준이 몇 가지 있습니다. 먼저 뿌리가 잘 보호되어 있다는 증거로 뿌리덩이가 젖어 있어야 합니다. 건조한 것은 선택하지 않습니다.

다음으로 뿌리덩이 윗부분을 봅니다. 줄기를 쥐고 가볍게 흔들어보았을 때, 줄기 밑동이 흔들흔들하는 묘목은 피합니다. 또 줄기 자체가 허약하고 가는 것도 좋지 않습니다.

줄기에 눈이 붙어 있는 경우에는 눈이 살짝 부푼 것이 좋은 것입니다. 또 눈과 눈의 간격(마디 사이)이 짧은 것을 선택합니다. 전체적으로 짤막하고 다부진 느낌의 묘목을 선택하는 것이 포인트입니다.

구입한 묘목은 뿌리덩이가 건조하지 않도록 비닐 등으로 싸서 옮기고, 곧바로 심습니다. 며칠 지나서 심을 경우에는 뿌리덩이를 젖은 신문지 등으로 싸서 그늘에 보관합니다. 옮겨 심을 때까지 뿌리덩이에 매일 물을 주는 것도 잊지 말아야 합니다.

[좋은 묘목을 고르는 방법]

옮겨심기 하는 방법이 맞나요?

전문가 advice

SOS

화초와 달리 대부분의 나무들은 옮겨심기할 때 가능하면 뿌리를 빨리 내리게 하기 위하여, 나무 주위에 물을 많이 모아둘 수 있는 둑을 만들어 옮겨 심는 것이 일반적입니다. 나무는 크기가 큰 만큼 많은 양의 물을 흡수합니다. 그러므로 가장 수분이 필요한 시기인 옮겨심기할 때에 되도록 빨리 많은 양의 물을 흡수할 수 있도록 해줍니다. 보통 구멍을 파서 옮겨심기한 후에 물을 붓는 정도로는 부족합니다.

나무 주위에 둑을 만드는 것은 심어져 있던 나무를 다른 곳에 옮겨 심을 때에도 필요합니다.

관리법 물을 흠뻑 줄 수 있도록 둑을 만들어서 나무를 옮겨심기하는 과정은 다음과 같습니다.

① 우선 심을 구멍을 팝니다. 뿌리덩이 지름의 1.5배가 적당합니다.

② 묘목을 일단 심을 구멍에 넣어보고 깊이를 조절합니다. 줄기와 붙은 뿌리가 땅 표면보다 조금 올라오는 정도가 좋고, 아래로 내려가면 밑에 흙을 넣어서 높여줍니다. 너무 높이 올라왔을 때에는 구멍을 좀더 깊이 파줍니다.

③ 묘목의 뿌리덩이를 싸고 있는 짚 등을 제거하고, 막대기 등으로 뿌리덩이 주위의 흙을 가볍게 콕콕 쳐서 뿌리덩이를 조금 흐트러뜨린 후 심을 구멍에 넣습니다.

④ 흙을 조금씩 넣으면서 호스 등으로 물을 흠뻑 주어 진창 같은 상태를 만듭니다.

⑤ 진창 같은 흙이 심을 구멍의 80% 정도 차면, 구멍 속을 나무막대 등으로 가볍게 콕콕 찌르면서 묘목을 가볍게 흔들어주어 물이 골고루 잘 스며들도록 합니다. 묘목의 위치, 즉 기울기나 방향 등은 이 때 확실하게 결정합니다.

⑥ 마지막으로 남은 흙을 넣어줍니다.

이것으로 옮겨심기 작업은 끝입니다. 이후에는 포기 주위, 즉 옮겨 심은 구멍 주위에 흙으로 얕은 둑을 쌓아서 물웅덩이를 만든 후 물을 흠뻑 줍니다. 둑은 높이 약 10㎝로 만드는데, 물을 줄 때 물이 주위로 흘러 나가지 않도록 하기 위한 것입니다.

묘목이 흔들리는 것 같으면 지주를 세우면 좋습니다.

또한 묘목이 큰 경우, 줄기를 감는 데 사용하는 테이프를 사서 줄기를 감아줍니다. 땅 윗부분의 증산작용으로 뿌리에 과중한 부담이 되는 것을 막기 위한 것입니다.

옮겨 심은 나무가 크게 자라면 6개월~1년 걸러 옮겨심기해야 합니다. 나무 주위의 잔뿌리를 쳐낼 필요가 있기 때문입니다. 이 작업은 손이 매우 많이 가므로 기본적으로 큰 나무는 옮겨 심지 않는 것이 무난합니다. 필요한 경우에는 전문가에게 의뢰하는 것이 좋습니다.

그 때문에라도 처음 옮겨심기할 때에 나무가 클 것에 대비하여 장소를 신중하게 결정합니다.

묘목을 옮겨 심는 방법

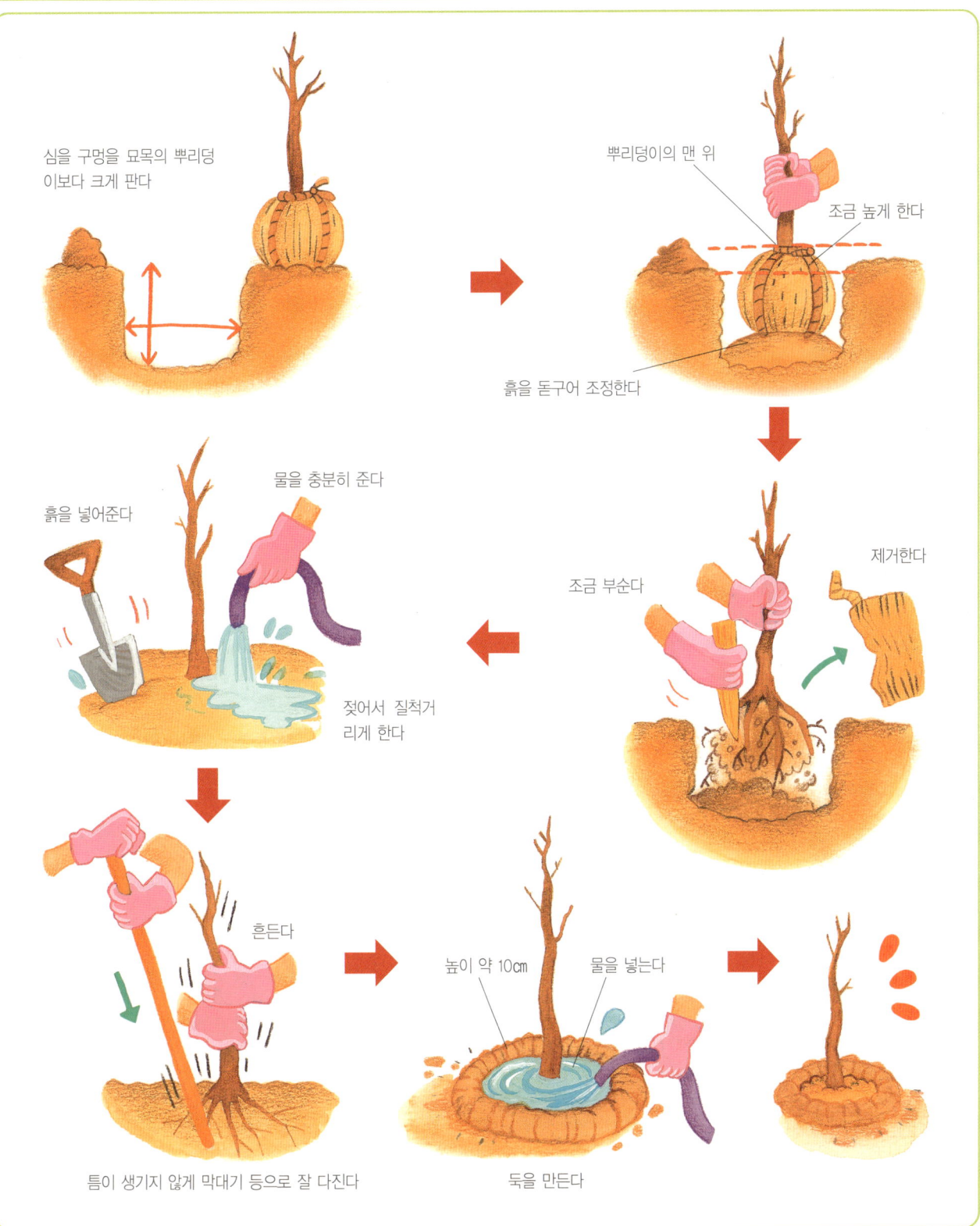

2 꽃나무를 길러도 꽃이 피지 않는다

꽃눈을 고려해서 작업했나요?

전문가 advice

이른 봄에 꽃이 피는 매화나무와 명자나무·조팝나무로 시작하여 봄에는 해당화·백목련, 여름에는 백일홍·무궁화같이 정원수 중에는 계절에 따라 꽃을 즐길 수 있는 것이 많이 있습니다. 그러나 꽃이 피는 정원수 즉, 꽃나무를 기를 때 자주 생기는 고민 중에 하나가 꽃이 피지 않는 것입니다.

꽃나무가 꽃을 피우기 위해서는 알맞은 일조량과 비료도 필요하지만, 더하여 알맞은 때에 올바른 방법으로 나무모양 만들기나 다듬기를 하는 것도 중요합니다. 특히 꽃나무의 종류에 따라 꽃눈이 생기는 시기와 위치가 다르기 때문에 나무모양 만들기와 다듬기를 잘못하여 꽃눈이 잘라지면 꽃이 피지 않습니다.

SOS

관리법 꽃눈이란 꽃을 만드는 눈으로, 꽃나무에 꽃눈이 달리는 방법은 크게 4가지입니다. 따라서 나무모양 만들기나 다듬기 시기와 방법도 4가지입니다. 기르는 꽃나무가 어떤 타입인지 잘 확인하여, 나무모양 만들기와 다듬기를 바르게 해야 합니다.

 알고있나요?

다듬기 목적

나뭇가지를 자르거나 베는 다듬기의 목적은 다음과 같다.

① 크기를 조절한다
나무 모양을 작게 하거나 목적에 맞는 크기로 유지시킬 수 있다.

② 보기 좋게 만든다
작게 할 뿐만 아니라 필요 없거나 볼품없는 가지를 잘라주어 가지 사이로 줄기가 잘 보이게 한다.

③ 튼튼하게 만든다
안쪽 가지에까지 햇빛이 잘 비치거나 통풍이 잘되게 하여 병충해의 발생을 억제한다.

④ 나무 아래의 경치가 좋아진다
보기 좋은 모양을 만들기 위해 나무와 함께 밑동에 심은 풀도 튼튼하게 자란다.

⑤ 가지 수를 늘린다
다듬기하면 새로 나오는 싹이 많아져서 가지 수도 늘어난다.

⑥ 성장이 좋아진다
가지를 자르면 다음에 나오는 가지는 기세 좋게 잘 자란다. 나무는 아무것도 하지 않은 자연상태일 때에 가지가 가장 덜 자라고, 많이 다듬을수록 가지가 잘 자란다.

[꽃나무의 나무모양 만들기와 다듬는 시기 및 포인트]

수국·모란 타입

성장한 가지 위쪽의 2~3개의 눈이 꽃눈으로, 다음해에 여기에서 자란 새 가지의 끝에 꽃이 달린다. 나무모양 만들기와 다듬기는 꽃이 지면 바로 해주는데, 꽃이 피었던 가지의 아래쪽을 자른다.
수국과 모란 외에 석류나무·등나무·황매화 등이 여기에 속한다.

백일홍·싸리 타입

가지가 자라면 끝쪽에 꽃눈이 생겨서 꽃이 핀다. 나무모양 만들기와 다듬기는 겨울에 한다. 어느 위치에서나 자를 수 있다.
백일홍·싸리 외에 에리카·협죽도·클레마티스·장미·부용·무궁화·란타나 등이 여기에 속한다.

동백나무·진달래 타입

성장한 가지의 끝쪽에 꽃눈이 생겨서 다음해에 꽃이 핀다. 나무모양 만들기나 다듬기는 꽃이 지면 바로 한다. 꽃이 피었던 가지에 잎눈이 붙어 있는데, 잎눈 위에서 자른다. 바로 꽃눈이 생기는데, 꽃눈이 생긴 후에는 일절 자르지 않는다.
동백나무·진달래 외에 아잘레아·해당화·치자나무·애기동백·영산홍·석남·서향·미국산딸나무·목련·라일락 등이 여기에 속한다.

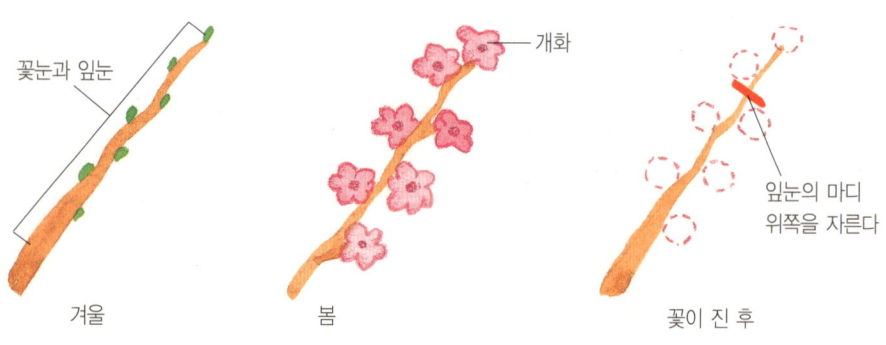

매실나무·복숭아나무 타입

성장한 가지의 끝에서부터 가지가 시작되는 부분 가까이까지 꽃눈이 달려 다음해 봄에 꽃이 피는 타입이다. 나무모양 만들기와 다듬는 꽃이 지면 바로 하는데, 긴 가지를 잘라낸다. 그러면 잘라낸 곳에서 곁눈이 나와 꽃눈이 달린다.
매실나무·복숭아나무 외에 양골담초·개나리·벚나무·명자나무·풍년화·조팝나무·개나리·생강나무 등이 여기에 속한다.

 알고있나요?

벚나무·무궁화의 나무모양 만들기와 다듬기

벚나무

나무모양 만들기나 다듬기를 하지 않는 것이 보통이다. 가지를 자르면 자른 부분으로 병원균이 침입하기 쉽기 때문이다. 그러나 병에 걸리기 때문에 잘라야 하는 경우도 생긴다. 이런 경우에는 나무모양 만들기나 다듬기를 한 후에 자른 부분을 바로 밀랍으로 막아서 병원균이 들어가지 않도록 해야 한다.

무궁화

나무모양 만들기와 다듬기를 겨울에 한다. 튼튼하기 때문에 매우 강한 된다듬질도 견디어낸다. 무궁화는 꽃눈의 분화기간이 짧은 것이 특징이다. 이런 특징을 이용하여 꽃이 진 후에 바로 다듬기하면, 꽃눈을 다시 만들므로 가을에 다시 한 번 꽃을 즐길 수 있다.

나무모양 만들기·다듬기·가지 정리란?

가지나 줄기 등을 베거나 자르는 작업에는 나무모양 만들기, 다듬기 이외에 '가지 정리'가 있는데, 이것들은 작업방법에 따라 구분한다.
'가지 정리'란 생육을 촉진하고 나무모양을 다듬기 위하여 가지와 잎을 자르는 것이며, '나무모양 만들기'는 단지 나무모양을 다듬기 위하여 가지와 잎을 자르는 것을 말한다. 즉, 가지 정리의 하나가 나무모양 만들기라는 작업이다. '다듬기'는 가지정리와 거의 같은 의미라고 할 수 있다.

3 나무모양 만들기 및 다듬기

나무모양 만들기 및 다듬기가 바른가요?

전문가 advice

정원수가 생각대로 자라지 않는 원인으로는 일조량과 비료 부족 이외에, 나무모양 만들기 및 다듬기를 하지 않았거나 제대로 하지 않은 경우가 많습니다. 정원수는 정기적으로 나무모양 만들기나 다듬기를 해주지 않으면 생각한 대로 자라지 않습니다.

나무모양 만들기 및 다듬기의 목적은 크게 2가지입니다. 하나는 생육을 촉진하는 환경을 만드는 것으로 특히 중요합니다. 다른 하나는 나무의 모양을 정리한다는 목적입니다.

단, 나무모양 만들기나 다듬기는 가지만 잘라서 되는 것이 아닙니다. 언제 다듬기하면 좋은가 하는 시기의 문제, 또 어떤 가지를 어떻게 자르면 좋은가 하는 방법의 문제가 함께 고려되어야 합니다.

SOS

관리법 나무모양 만들기나 다듬기는 일반적으로 정원수의 생육이 활발해지기 전에 하는 것이 적절합니다. 즉, 가을부터 겨울에 하는 것이 좋습니다. 단, 이것은 어디까지나 원칙으로, 꽃이 피거나 열매를 맺는 정원수에 있어서는 예외입니다.

일반적으로 정원수의 나무모양을 만들거나 다듬기하는 과정은, 우선 남길 가지는 남기고 생육이 나빠지게 할 것 같은 가지를 자르는 것부터 시작합니다. 다음에 나무모양을 다듬기 위하여 보기에 좋지 않은 가지를 잘라냅니다.

이처럼 잘라버려야 할 가지를 잘라주면 나무의 통풍이 좋아지고, 정원수 전체에 햇빛이 비칠 공간도 확보할 수 있게 됩니다. 무성하거나 나무모양이 좋지 않은 것은 대체로 필요 없는 가지가 붙어 있기 때문입니다.

다음으로 정원수 전체를 10~20% 자릅니다. 이것은 정원수가 너무 크는 것을 방지할 목적입니다. 또 다른 목적으로, 너무 힘 있게 자라는 가지를 잘라서 약한 가지도 고르게 성장할 수 있도록 하는 것도 있습니다.

자를 때에는 눈의 위를 자르는데, 반드시 바깥 쪽을 향하고 있는 눈의 위를 자릅니다. 그렇지 않으면 새로운 가지가 안쪽을 향해 자라서 서로 마주보는 가지를 만들게 됩니다. 또한 비스듬히 잘라서 자른 부분이 안쪽을 향하게 하여 눈에 띄지 않게 합니다.

마지막으로 마무리를 합니다. 멀리 떨어져서 정원수 전체의 모양을 보고 부자연스러운 곳이 있으면 잘라냅니다. 이것이 이른바 '나무모양 만들기'입니다.

꽃과 열매를 즐기는 정원수의 경우에는 꽃을 피우는 일이 중요한데, 나무모양 만들기나 다듬기 시기가 잘못되거나 자르는 위치가 잘못되면 꽃을 잘라버릴 수 있으므로 주의해야 합니다.

[나무모양 만들기와 다듬기할 때 자를 가지와 남길 가지]

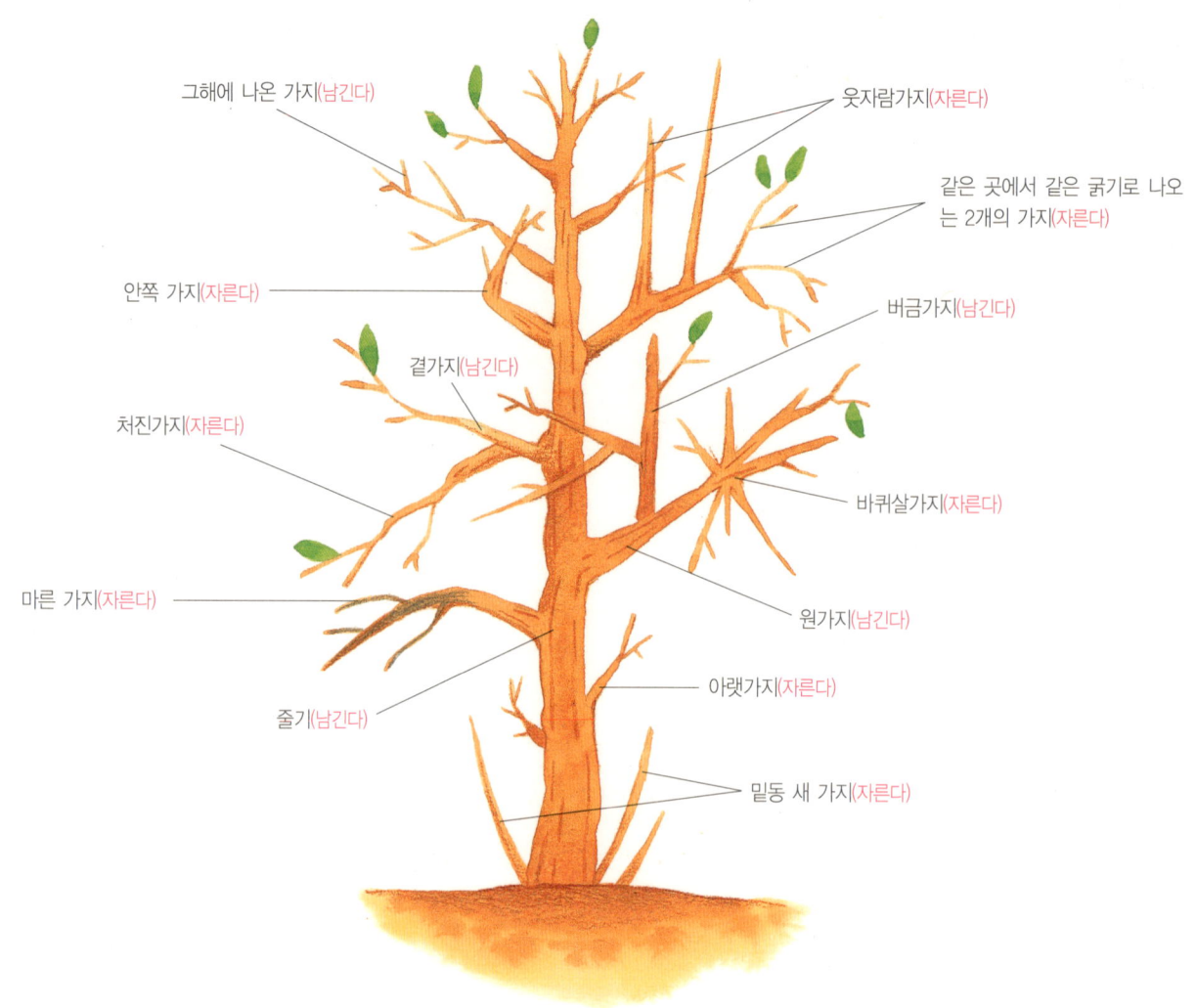

[나무모양 만들기나 다듬기에서 우선 잘라야 할 가지]

나무모양을 만들거나 다듬기할 때에는 먼저 생육을 나쁘게 할 것 같은 가지부터 잘라낸다.

밑동 새 가지
나무의 밑동 가까이에 있는 줄기에서 새로 나오는 잔가지를 말한다.

마른 가지
말 그대로 마른 가지라서 그대로 두어도 성장하지 않는다. 이것을 자르지 않고 두면 병충해의 원인이 된다.

아랫가지
아래쪽에서 나오는 많은 잔가지. 뿌리에서 흡수한 양분이 나무 끝까지 올라가지 못해서 그냥 두면 점점 더 나무의 힘이 약해진다.

평행 가지
같은 곳에서 같은 굵기로 나오는 2줄기의 가지를 가리킨다.

안쪽 가지
가지와 잎이 무성한 안쪽에서 혼잡하게 모여 나는 가지를 말한다. 다른 말로 역가지라고도 한다.

바퀴살가지
줄기나 가지의 한 곳에서 차바퀴의 바퀴살같이 사방으로 자라는 작은 가지를 말한다.

처진가지
원래 가지는 위쪽이나 비스듬히 위를 향해 자란다. 이에 반해 아래쪽으로 자라는 가지를 말한다. 단, 가지가 아래쪽을 향하는 나무 종류는 예외다.

웃자람가지
다른 가지에 비해 특히 힘이 있고 길게 자란 가지이다.

나무모양 만들기와 다듬기 과정의 포인트

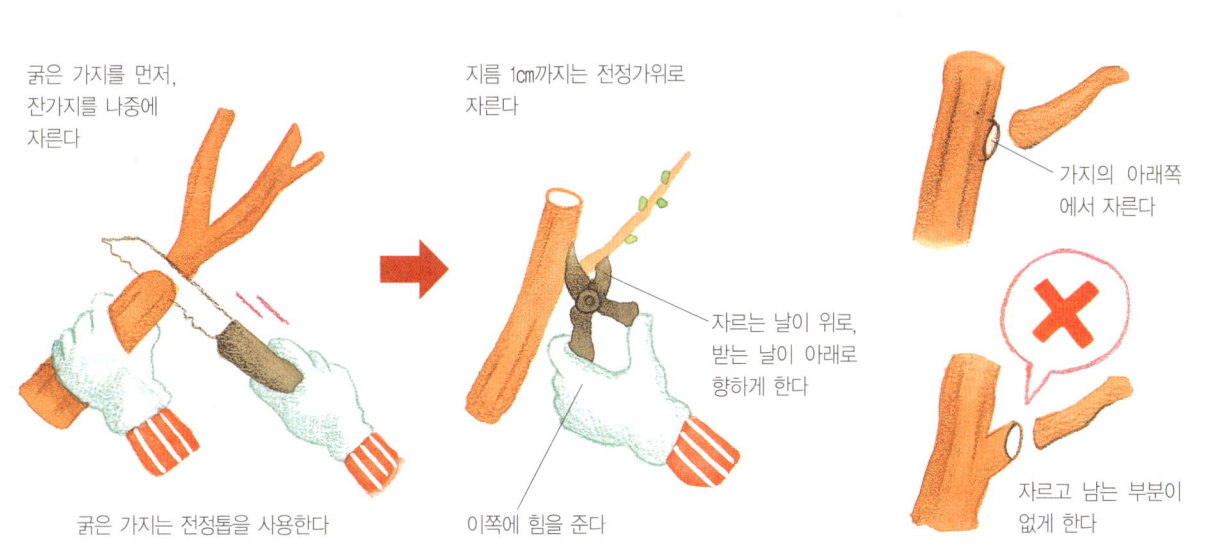

굵은 가지를 먼저, 잔가지를 나중에 자른다

굵은 가지는 전정톱을 사용한다

지름 1cm까지는 전정가위로 자른다

자르는 날이 위로, 받는 날이 아래로 향하게 한다

이쪽에 힘을 준다

가지의 아래쪽에서 자른다

자르고 남는 부분이 없게 한다

작업은 위에서부터 아래쪽으로 한다

4 두 번 하는 장미의 다듬기 포인트

겨울 다듬기를 했나요?

전문가 advice

장미를 제대로 즐기기 위해서는 다른 꽃나무 이상으로 세심한 관리가 필요합니다. 특히 올바른 다듬기는 좋은 꽃을 즐기는 중요한 열쇠가 됩니다.

장미는 일반적으로 겨울에 된다듬질을 하고, 여름에는 그보다 조금 가볍게 다듬기합니다. 이 두 번의 다듬기로 장미는 봄과 가을에 2회 아름다운 꽃을 선사합니다.

또한 장미는 심어서 방치하면 포기가 점점 노화됩니다. 겨울 다듬기하는 시기에 맞춰 적당히 포기갱신을 해야 합니다.

따라서 장미는 겨울과 여름 두 번의 다듬기를 빼놓지 않으며, 겨울 다듬기할 때 포기의 생장을 보면서 '고침다듬질'을 동시에 합니다.

SOS

관리법

일반적으로 겨울 다듬기라고 하지만, 작업을 하는 시기는 이른 봄입니다. 중부지방에서는 2월 하순~3월 상순이 적합합니다. 그밖에 북쪽지방에서는 3월 상·중순, 남쪽지방에서는 2월 중·하순이 적기입니다.

적기보다 빠르면 추위가 왔을 때 성장하기 시작한 눈이 손상됩니다. 또 늦어지면 포기 자체가 성장하기 시작하여 양분이 가지 끝까지 보내지게 됩니다. 따라서 이미 보내진 양분이 버려지고, 다듬기 후에 보낼 양분이 부족해집니다.

다듬기 요령은 일반 꽃나무의 나무모양 만들기와 같습니다. 즉, 자르지 않으면 안 되는 불필요한 가지부터 잘라냅니다.

겨울 다듬기 과정은 다음과 같습니다.

① 불필요한 가지를 자른다

마른 가지, 반대로 미숙해서 자라지 않은 가지, 잔가지 이외에, 자라서 근처의 가지끼리 서로 마주보는 가지, 안쪽을 향한 가지 등을 줄기와 가까운 가지 아래쪽에서 자릅니다.

② 노화된 줄기를 자른다

여러 해가 되어 위에 새 가지가 달리지 않거나 빈약하고 오래된 줄기를 잘라버립니다.

이 때 땅 닿은 부분에서 새로 자라 올라오는 새순을 확인하고 노화된 줄기와 교체합니다.

뿌리에서 나오는 새순은 가을에 꽃을 피우고, 다음해에 중심 줄기로 성장합니다.

③ 새 가지를 가지고르기한다

봄에 좋은 꽃을 피우기 위하여 장미의 경우에 꼭 필요한 작업입니다.

새 가지의 밑에서 15~20cm 되고, 바깥쪽을 향한 눈 위의 5mm 정도 되는 곳을 약 45° 각도로 자릅니다. 자른 부분이 안쪽을 향하게 하는 것이 포인트인데, 그래야 자른 곳이 보이지 않기 때문입니다.

장미의 겨울 다듬기가 적절하게 이루어졌다면 포기는 다듬기 전의 약 1/3이 될 것입니다.

[장미의 겨울 다듬기]

다듬기 전

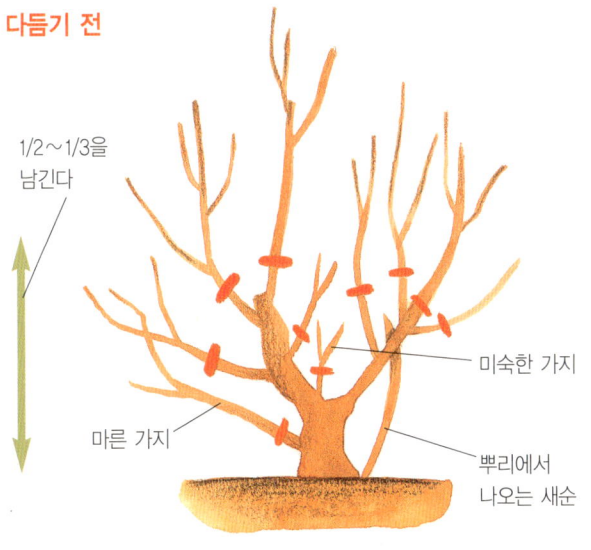

1/2~1/3을 남긴다
마른 가지
미숙한 가지
뿌리에서 나오는 새순

다듬기 후

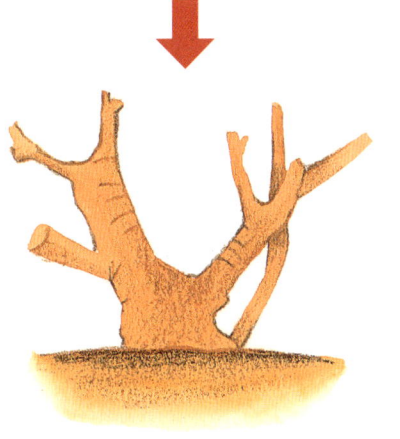

자르는 방법

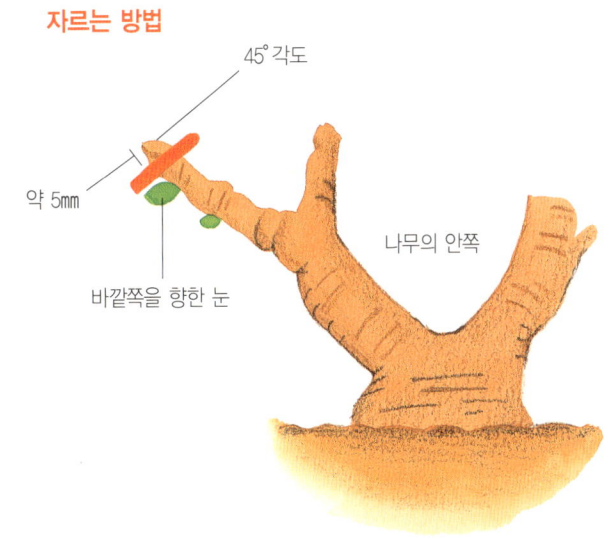

45° 각도
약 5mm
바깥쪽을 향한 눈
나무의 안쪽

---------- 두 번 하는 장미의 다듬기 포인트

여름 다듬기를 했나요?

전문가 advice

겨울에 비해 여름에는 다듬기를 조금 가볍게 해줍니다. 여름 다듬기는 10월 상순~11월 하순에 꽃이 잘 피도록 하는 것이 목적입니다. 여름에 다듬기를 해주지 않으면 가을에 좋은 꽃을 볼 수 없습니다.

SOS

 여름 다듬기는 겨울 다듬기와 조금 다르며, 순서는 다음과 같습니다.

① 불필요한 가지를 잘라낸다
마른 가지, 반대로 미숙해서 자라지 않은 가지, 잔가지 이외에, 자라서 근처의 가지끼리 서로 마주보는 가지, 안쪽을 향한 가지 등을 가지 아래에서 잘라냅니다.

이 작업을 봄에 꽃이 진 후부터 여름까지 단계적으로 하면, 햇빛이 잘 들고 통풍이 잘되며 병충해 예방도 됩니다.

② 뿌리에서 나오는 새순을 다듬기한다
뿌리에서 나오는 새순은 다음해에 중심 줄기가 되기 때문에 적절한 다듬기가 필요합니다. 아래에서부터 6~7단째 되는 5장 잎의 위를 자릅니다. 가지 길이는 40~50㎝가 됩니다. 꽃이 필 때까지 6~7단째마다 다듬기를 계속합니다. 장미는 꽃 밑에 3장 잎이 2개 달리고, 그 아래부터는 모두 5장 잎입니다.

③ 봄의 첫 번째나 두 번째 꽃의 가지 위를 자른다
봄에 처음 핀 꽃이나 그 다음에 핀 꽃이 달려 있는 가지의 바깥쪽을 향한 5장 잎에서 5㎜ 정도 위를 약 45° 각도로 자릅니다.

이런 방법으로 여름 다듬기를 하면 포기는 다듬기 전의 약 2/3 크기가 됩니다.

[장미의 여름 다듬기]

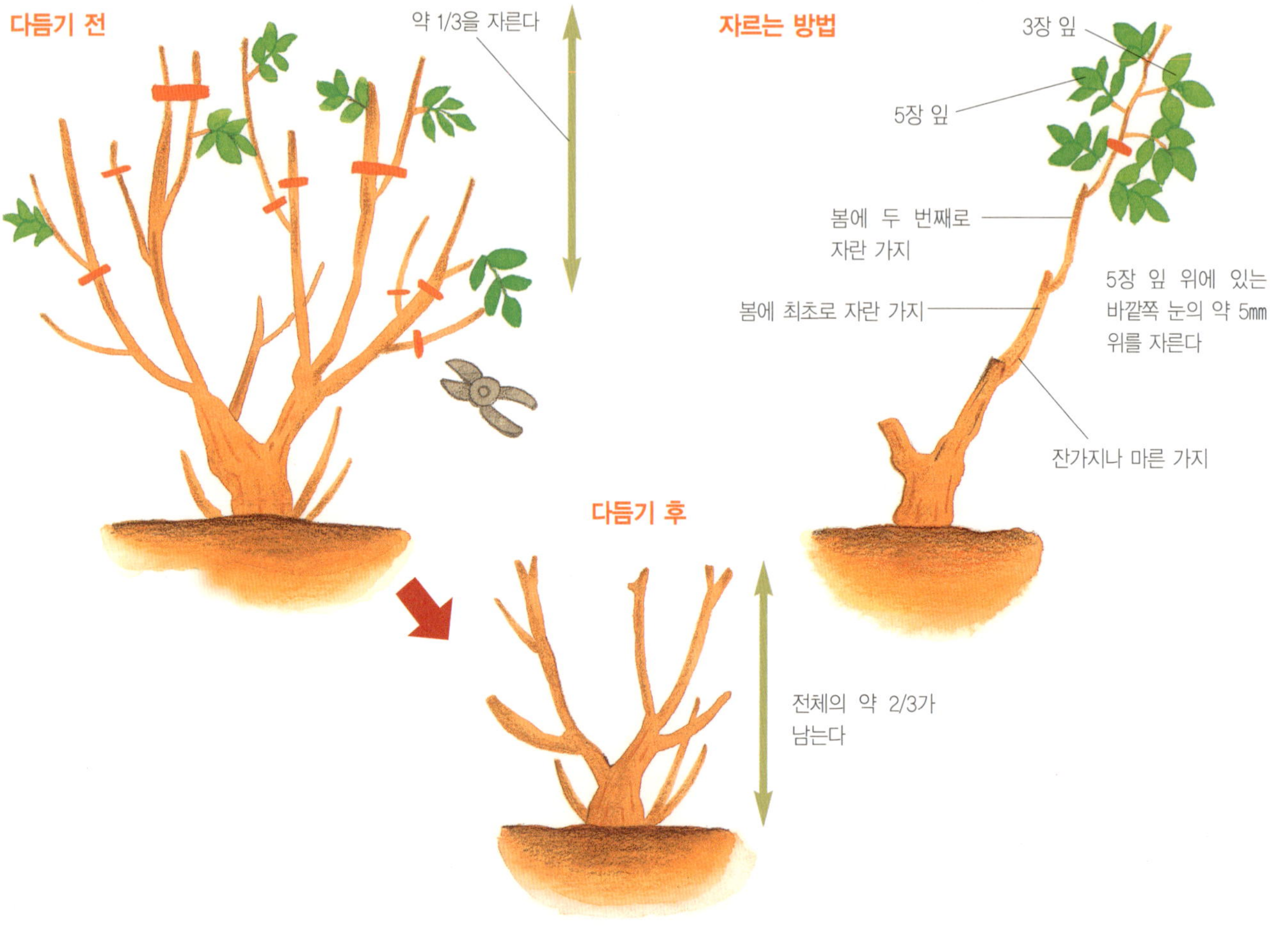

다듬기 전 — 약 1/3을 자른다

다듬기 후 — 전체의 약 2/3가 남는다

자르는 방법
- 3장 잎
- 5장 잎
- 봄에 두 번째로 자란 가지
- 봄에 최초로 자란 가지
- 5장 잎 위에 있는 바깥쪽 눈의 약 5㎜ 위를 자른다
- 잔가지나 마른 가지

[상황에 따른 상토 배합]

기본 상토의 배합 비율

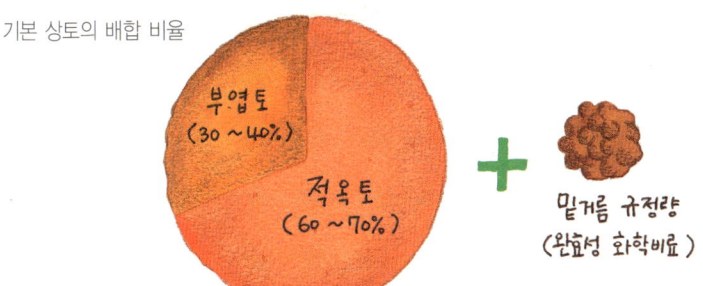

식물의 종류뿐만 아니라 놓는 장소나 용도, 기상조건 등에 따라 상토의 배합이 달라진다. 판매되는 기본 상토를 이용하거나, 작은 알갱이의 적옥토를 중심으로 배합한 기본 상토를 만들어두고, 상황에 따라 조정해서 사용한다.

베란다에서 화초 등을 기르는 경우
베란다나 옥상에서는 상토가 건조하기 쉽다. 갑작스런 건조를 막고 보수성을 좋게 하기 위하여, 기본 상토에 보수성이 좋은 버미큘라이트를 넣는다. 그러나 보수성이 너무 좋으면 여름에 바깥벽 등의 반사로 땅의 온도가 너무 올라갈 수 있으므로 주의한다.

관엽식물 등의 실내식물을 기르는 경우
실내에서 관엽식물 등을 기를 때에는 곰팡이 등이 생기지 않도록 깨끗한 상토를 사용한다. 무균의 피트모스는 깨끗하므로 실내재배에 적합하다. 피트모스는 산도조정을 마쳤거나, 가정에서 석회를 섞어서 조정한 것을 사용한다. 또한 실내는 상토가 잘 마르지 않으므로 조금 작은 화분을 고른다. 밑거름도 필요하다.

모아심기하는 경우
모아심기는 여러 포기를 빽빽하게 심는 경우가 많으므로 화분흙이 건조하기 쉽다. 또한 보수성이 좋게 하고 싶지만 보수성이 너무 좋으면 식물이 빽빽하게 심어져 있기 때문에 물러 웃자라기 쉽다. 물을 주는 횟수는 늘리고, 되도록 건조하기 쉬운 흙에 심는다. 비료가 너무 많으면 식물이 마르기 쉬우므로 기본 상토의 밑거름을 규정량의 2/3 정도로 한다.

그늘에서 식물을 기르는 경우
일조시간이 비교적 짧은 곳에서는 화분흙이 잘 마르지 않고 뿌리 자람도 나쁘다. 그러므로 흙의 통기성을 좋게 하기 위해 기본 상토에 경석(작은 알갱이)이나 양지의 흙(고운 흙)을 섞는다. 또는 상토가 너무 습하지 않도록 화분 바닥에 경석 등을 두텁게 깔고, 화분이나 플랜터에 흙을 적게 넣는다. 그늘에서 기를 때에는 기본 상토에 들어가는 밑거름도 규정량의 2/3 정도로 제한한다.

씨뿌리기하는 경우
반드시 깨끗한 새 상토를 사용한다. 발아할 틈도 없는 작은 모종의 뿌리는 약해서 애써 발아해도 갑자기 건조지면 말라죽을 수 있으므로, 깨끗하고 보수성이 높은 피트모스와 버미큘라이트를 배합한다. 나팔꽃 등의 큰 씨앗은 기본 상토가 적합하다. 피트모스는 산도 조정이 되었거나, 또는 가정에서 조정한 것을 사용한다. 밑거름을 넣으면 발아 후에 생육이 고르다. 밑거름 양은 규정량의 1/3 정도이다.

정원수류

나무에 생기는 병해충

정원수에는 잎과 꽃, 새 가지 등을 중심으로 화초와 거의 같은 병해충이 발생합니다. 그밖에 줄기와 가지에 생기는 정원수 특유의 병해충도 몇 종류 있습니다.

1 잎과 꽃 등에 생기는 병

잎 등에 하얀 가루가 붙어 있나요?

전문가 advice

잎을 비롯해 새 가지의 끝과 꽃봉오리 등이 하얗게 되는 경우가 있습니다. 처음에는 하얀 반점 같다가 곧이어 가루를 바른 것처럼 됩니다. 이것이 흰가루병의 피해입니다. 봄부터 가을에 걸쳐 발생하고 한여름에는 조금 덜합니다. 크고 작은 대부분의 정원수에서 발생합니다.

화초와 달리 정원수는 흰가루병에 걸려도 포기 전체가 시들어버리는 일은 없습니다. 그러나 잎 등 증상이 나타난 부분이 마지막에는 시들어 떨어집니다.

또 회색 곰팡이가 생길 때도 있는데, 이것은 잿빛곰팡이병의 피해입니다. 흰가루병과 마찬가지로 한여름을 제외하고 봄부터 가을에 걸쳐 정원수에 많이 발생합니다.

SOS

관리법 흰가루병은 일반적으로 잎의 앞면에 생깁니다. 그러나 떡갈나무류 등에서는 잎의 뒷면에 생기는 경우도 있습니다. 피해가 가벼울 때 베노밀이나 지오판 등을 뿌립니다. 잿빛곰팡이병에는 만코지 수화제, 이프로 수화제 등도 효과적입니다.

잎에 검은 반점이 생겼나요?

전문가 advice

SOS

잎이 그을음 같은 검은 가루를 바른 듯한 경우가 있습니다. 검은별무늬병의 피해로, 마지막에는 시들어서 떨어져버립니다. 여러 정원수에 발생하는데 유난히 장미에 잘 나타납니다. 봄부터 가을에 잘 발생합니다.

증상이 비슷하기 때문에 모두 검은별무늬병이라는 이름으로 부르지만, 각기 다른 병으로 전염되는 나무 종류도 다릅니다. 그러므로 어떤 종류의 정원수에 검은별무늬병이 발생하더라도 종류가 다른 정원수라면 감염되는 일이 별로 많지 않습니다.

관리법 검은별무늬병이 발생하면 되도록 빨리 발생한 잎과 주위의 가지를 잘라서 태워 없애야 합니다. 피해가 가벼우면 만코지 수화제, 베노밀 등을 뿌려서 막을 수 있습니다. 그러나 장미의 검은별무늬병에는 염기성 염화동이나 올트란 입제 등을 뿌립니다. 재발하기 때문에 1주~10일 간격으로 여러번 뿌립니다. 장미에 발생하는 검은별무늬병은 흑성병·흑점병이라고도 합니다. 장미는 정원수 중에서도 특히 병해충이 잘 생기기 때문에 정기적으로 약을 뿌려서 예방합니다.

잎이 탄 떡 같이 부풀었나요?

전문가 advice

SOS

진달래나 동백나무·애기동백 등의 잎이 떡이 탄 것처럼 엷은 갈색으로 부푸는 경우가 있습니다. 이것은 떡병의 피해로, 습기가 많을 때 잘 발생합니다.

관리법 우선 발생한 잎을 제거하여 태워 없앱니다. 병해충에 감염된 잎과 줄기 등을 제거하여 그대로 떨어트려두거나 옆에 모아두면 병해충이 다른 포기에 옮겨갑니다. 그러므로 피해를 입은 경우에 태우는 것이 가장 좋습니다.

단, 태우는 경우에 주위에 탈만한 것이 없는지 확인하는 등 화재에 충분히 주의를 기울여야 합니다.

피해가 가볍다면 타로닐이나 염기성 염화동 등을 뿌리는 것이 효과적입니다. 떡병은 햇빛이 잘 안 들거나 습기가 많으면 잘 발생합니다. 그러므로 무성한 가지를 자르는 등의 방법으로 햇빛이 잘 들고 통풍이 잘되게 하는 것이 예방법입니다.

잎과 꽃 등에 생기는 병

잎이 혹처럼 부풀었나요?

전문가 advice

잎을 보면 갈색~흑색의 혹처럼 생긴 것이 있습니다. 녹병의 피해로 판단됩니다.

또 같은 증상일 때 잎의 뒷면을 보면, 길이 5㎜ 정도의 진한 황색 털 같은 것이 보이는 경우가 있습니다. 이것은 붉은별무늬병으로 생각됩니다.

모두 봄부터 가을에 걸쳐 많이 발생하지만, 일부 정원수에서는 겨울에도 발생하는 경우가 있습니다

SOS

관리법 녹병이나 붉은별무늬병 모두 만코지 수화제를 뿌립니다. 예방으로 겨울에 석회유황합제를 뿌리면 효과적입니다.

[병이 잘 생기는 부분]

꽃봉오리, 꽃, 새싹, 새 가지, 잎, 줄기, 뿌리

알고있나요?

꽃·나무에 잘 생기는 병

잿빛곰팡이병 곰팡이가 원인으로 생생했던 식물에 곰팡이가 생겨 변색된다.
흰가루병 곰팡이가 원인으로 가루를 불어서 퍼진 것처럼 하얗게 된다.
떡병 곰팡이가 원인으로 꽃과 잎이 변형, 변색된다.
모자이크병 바이러스가 원인으로 잎의 색이 얼룩얼룩해진다.
무름병 세균이 원인으로 포기 밑동이 갈색으로 변색되어 물러진다.

2 잎과 가지·줄기·꽃 등에 생기는 해충

원형 또는 타원형 벌레가 있나요?

전문가 advice

가지와 줄기에 밥공기모양 또는 편평한 원형이나 타원형의 작은 벌레가 붙어 있는 경우가 있습니다. 크기가 2~3㎜인데, 그 중에는 1㎝나 되는 것도 있습니다. 색은 하양과 갈색 등이며 검정도 있습니다.

이것이 깍지벌레로 화초에서는 그다지 문제가 되지 않습니다. 그러나 정원수의 경우에는 수액을 빨아먹어서 생육이 약해지기 때문에 매우 조심해야 할 해충의 하나입니다. 또한 단순히 기생할 뿐만 아니라 여러 가지 병을 일으킬 수도 있습니다.

깍지벌레는 종류가 매우 많아서 수백 종이 알려져 있습니다. 특정 나무에만 생기는 종류 이외에 여러 종류의 나무에 생기는 것도 있습니다. 또한 조개껍데기같이 단단한 등딱지를 가지고 있고 다리가 퇴화되어 가지나 줄기에 달라붙어 있는 종류와 자유롭게 움직이는 종류가 있는데, 등딱지가 있는 것이 훨씬 많습니다. 특히 동백나무와 애기동백·백일홍 등에 피해가 많습니다.

SOS

 관리법 깍지벌레를 발견하면 바로 오래된 칫솔 등으로 비벼서 떨어뜨립니다. 또한 5~7월은 깍지벌레가 부화되는 시기입니다. 이 시기에는 한 달에 2~3회 피리모를 뿌려줍니다.

잎에 하얗게 긁힌 듯한 반점이 있나요?

전문가 advice

진달래와 석남 등 정원수의 잎을 보면 하얗게 긁힌 듯한 반점이 보이는 경우가 있습니다. 방치해 두면 피해가 커져서 마침내 낙엽이 되어 떨어집니다. 이 때 잎의 뒷면을 보면 검은 송진 같은 반점이 많이 붙어 있는 것을 확인할 수 있습니다.

이러한 증상은 방패벌레의 피해입니다. 방패벌레는 잎의 즙을 빨아먹기 때문에 먹은 부분이 하얗게 변색됩니다. 잎 뒷면의 검은 반점은 방패벌레의 배설물입니다. 1년에 여러 번 발생합니다.

SOS

관리법 방패벌레는 몸길이 3mm 정도의 작은 벌레로 한번에 많이 발생합니다. 그러므로 빨리 발견하여 잡지 않으면 피해가 점점 커집니다. 1~2주 간격으로 메프 유제나 말라티온, 아세페이트 등의 약을 뿌립니다. 이 때 방패벌레는 잎의 뒷면에 있으므로 잎 뒷면에 중점적으로 뿌립니다.

너무 건조하면 생기기 때문에 건조한 날이 계속될 경우 잎에 물을 듬뿍 뿌려두면 예방이 됩니다.

— 잎과 가지·줄기·꽃 등에 생기는 해충

꽃과 꽃봉오리가 말라 버렸나요?

전문가 advice

진달래와 백일홍·장미 등에 새로 나온 꽃과 꽃봉오리가 기형이 되거나 시들어버리는 경우가 있습니다. 그 원인 중의 하나가 바구미입니다.

바구미는 길이 수mm부터 수cm에 이르는 것까지 여러 종류가 있습니다. 즙을 빨아먹기 위해 꽃대와 꽃봉오리에 상처를 냅니다. 그 때 생긴 상처 때문에 꽃이 기형이 됩니다. 바늘로 찌른 것 같은 구멍이 많이 보이기 때문에 바구미의 피해를 금방 알 수 있습니다.

SOS

관리법 바구미는 봄이 되면 많이 발생합니다. 피해가 나타나면 약 3일 간격으로 2~3회 메프 유제나 아세페이트를 뿌려서 피해가 커지는 것을 막아야 합니다.

또 피해 부분은 빨리 잘라서 태워 없앱니다. 일찍 손을 쓰면 자른 부분에서 새눈이 나옵니다.

— 잎과 가지·줄기·꽃 등에 생기는 해충

새 눈을 먹지 않았나요?

전문가 advice

진달래와 영산홍·석남 등에 꽃이 적게 피거나 피지 않을 경우에 새 눈을 살펴보면 해충이 먹었을 때가 있습니다.

이 때 계속 살펴보면 새 눈이 시들고, 나중에 적갈색으로 말라버리는 경우도 있습니다. 이것은 속먹이벌레의 피해로 보입니다. 속먹이벌레는 새 눈과 꽃눈을 즐겨 먹는 해충입니다.

새 눈이 나오는 시기에 꽃눈이 줄어들게 만들어 그해에 꽃이 피는 데 나쁜 영향을 줍니다. 뿐만 아니라 다음해에 꽃눈이 생기는 시기에도 활발히 활동하기 때문에 다음해에 꽃이 피는 데도 나쁜 영향을 줍니다.

SOS

관리법 속먹이벌레는 분홍무늬푸른밤나방의 유충으로 5월부터 10월 사이에 여러 번 발생합니다. 종류가 다양하며 정원수에 많이 발생하는데, 몸길이가 2mm 정도로 거의 발견하기 어렵습니다.

발생시기에 메프 유제, 올트란 등을 뿌려서 방제합니다.

또한 꽃이 져도 다음해 꽃눈이 생기는 여름에 다시 발생하므로 주의해야 합니다.

하늘소가 있나요?

전문가 advice

더듬이가 긴 것이 특징인 하늘소 종류도 정원수에게는 해충입니다.

단, 해를 끼치는 것은 유충입니다. 줄기 등에 낳아둔 알에서 나온 유충이 줄기 속에 터널을 뚫으며 파먹습니다. 그 때문에 정원수의 힘이 갑자기 약해집니다.

SOS

관리법 하늘소의 유충을 발견하는 것은 거의 불가능한데, 분뇨를 배출하기 때문에 작은 구멍이 있습니다. 이 구멍에 메프 유제로 적신 탈지면을 끼워둡니다.

또 성충인 하늘소가 생기지 않도록 하는 것이 예방에 도움이 됩니다. 그러므로 하늘소의 활동 시간인 이른 아침과 저녁에 나무를 흔들어서 하늘소를 떨어뜨립니다.

[하늘소 유충을 없애는 방법]

[하늘소 성충을 없애는 방법]

나무를 흔들어서 떨어진 성충을 제거한다

도롱이벌레가 매달려 있지 않나요?

전문가 advice

봄이 되면 정원수에 도롱이벌레가 매달려 있는 것을 자주 볼 수 있습니다. 귀엽게 보이지만 대부분의 정원수한테는 두려운 해충의 하나입니다. 정원수의 가장 중요한 해충이라고 할 수 있습니다. 잎을 먹어서 황폐하게 하고, 때로는 나무껍질까지 피해를 주는 일도 있습니다.

정원수뿐만 아니라 과실나무의 과실도 먹어버리고, 화초에 발생하는 경우도 있습니다.

SOS

관리법 봄이 되면 정기적으로 점검해서 도롱이벌레를 꾸준히 제거합니다. 많이 발생한 정원수에는 다음해에도 또 발생합니다. 그러므로 여름이 되면 1주일 간격으로 메프 유제나 아세페이트를 여러 번 뿌려서 피해가 커지는 것을 막습니다.

3 가지와 줄기 등에 생기는 병

땅 닿은 부분에 비단실 같은 것이 붙어 있나요?

전문가 advice

정원수의 생육이 좋지 않을 때 땅 닿은 부분을 보면, 하얀 비단실 같은 것이 엉겨 붙어 있는 경우가 있습니다. 이것은 흰비단병의 증상으로 땅 윗부분이 시들고, 마침내 포기까지도 말라죽어버립니다.

여러 정원수에 발생하지만, 특히 서향에 자주 나타납니다. 서향이 생육불량일 경우에 바꿔심기를 하지 않았다면 흰비단병이 첫 번째 원인일 수 있습니다.

SOS

관리법 피해를 발견하면 바로 이프로 수화제 등을 듬뿍 뿌립니다. 피해 포기뿐만 아니라 주위에도 뿌려주면 전염을 막는 효과가 있습니다.

서향은 흰비단병뿐만 아니라 바꿔심기로 인해 생육불량이 될 수도 있습니다. 생육불량일 경우에 정확한 원인을 알아서 대처합니다.

― 가지와 줄기 등에 생기는 병

코니파의 새 눈이 말랐나요?

전문가 advice

코니파뿐만 아니라 향나무·나사백 등이 관리를 제대로 했는데도 불구하고 생육이 좋지 않을 때가 있습니다. 이럴 때 새로 나온 눈을 보면 회색~회갈색인 경우가 있습니다. 이것은 눈마름병[芽枯病]의 증상입니다. 생육불량의 원인 중 하나로 빠른 대책이 필요합니다.

SOS

관리법 눈마름병의 증상이 나타나면 만코지 수화제 등을 뿌립니다.

코니파의 생육이 나빠지는 또 다른 원인으로는 더위를 들 수 있습니다. 그래서 한여름 등에는 통풍이 잘되게 해야 합니다. 특히 포기 안쪽의 잎이 떨어져서 비어버릴 수 있습니다. 혼잡하지 않도록 알맞게 모양 만들기와 다듬기를 해줍니다.

― 가지와 줄기 등에 생기는 병

나무껍질이 물러져 있지 않나요?

전문가 advice

영산홍·동백나무 등 추위에 약한 정원수의 경우, 겨울에 나무껍질이 안쪽에서 떨어져버릴 때가 있습니다. 가지와 줄기를 손가락으로 잡거나 눌러보면 흐물흐물하고 속이 비어 있는 것을 알 수 있습니다. 그러나 눈으로 보아서는 알 수 없으며, 봄에 생육이 잘 안 되고 마른 후에야 비로소 알게 될 때가 많기 때문에 난감합니다.

이것은 병은 아닙니다. 일반적으로 동해(凍害)라고 하는 증상의 하나입니다. 추위에 약한 정원수는 나무껍질이 얇아집니다. 그 때문에 물을 준 것이 다 마르지 않았을 경우 새벽녘에 기온이 떨어지면서 나무껍질 안쪽이 얼어서 팽창하고, 나무껍질이 떨어져버립니다.

SOS

관리법 서리가 내리는 겨울에는 저녁에 물주기를 삼가야 합니다. 또한 추위에 약한 정원수는 방한대책을 세워서 동해에 철저히 대비해야 합니다. 아침에 손가락으로 잡거나 눌러서 나무껍질이 벗겨져 있는지 잘 확인합니다.

증상이 나타났을 때에는 줄기를 감는 테이프로 감거나 짚 등으로 보온하여 피해가 최대한 커지지 않도록 합니다. 셀로판테이프나 짐을 묶는 테이프 등은 사용하지 않는 것이 좋습니다.

[추위에 약한 정원수의 방한 대책]

묶는다

몇 군데를 느슨하게 묶는다

한랭사를 씌운다

갈대발 등으로 찬바람을 막는다

짚을 감는다

가지와 줄기 등에 생기는 병

가지와 줄기가 변색되어 움푹 들어가 있나요?

전문가 advice

가지와 줄기의 색이 일부 변하고, 변색된 부분이 조금 움푹 들어간 경우가 있습니다. 표면은 까칠까칠한 느낌입니다.

일반적으로 줄기마름병 · 동고병(胴枯病)으로 불리는 병의 증상입니다. 식나무와 플라타너스 · 장미 등에 잘 생기고, 증상이 가지와 줄기를 한 바퀴 돌아가며 나타나면 그 윗부분이 시들어버립니다.

한겨울에 한해를 입거나 한여름에 햇빛이 강하고 너무 건조할 때 잘 생기며, 상처 또는 나무모양 만들기나 다듬기할 때 자른 부분으로 병원균이 감염되어 생기는 전염병입니다.

SOS

관리법

잔가지는 아래쪽에서 잘라 태워 없앱니다. 줄기 등은 증상이 나타난 부분을 완전히 깎아냅니다. 깎아낸 후 지오판 도포제 등 연고 형태의 살균제를 넓게 바릅니다.

예방법으로, 나무모양 만들기나 다듬기 작업을 할 때 깨끗한 전정가위를 사용하며, 부주의해서 줄기 등에 상처를 내지 않도록 하는 것이 포인트입니다. 또한 나무모양 만들기나 다듬기 후, 자른 부분에 연고 형태의 살균제를 발라두는 것도 효과적입니다.

[연고 형태의 살균제 사용 방법]

병해를 입은 부분의 치료

나무모양 만들기와 다듬기 작업 → 자른 부분에 약을 바른다 → 솔로 펴준다

피해 부분이 큰 경우

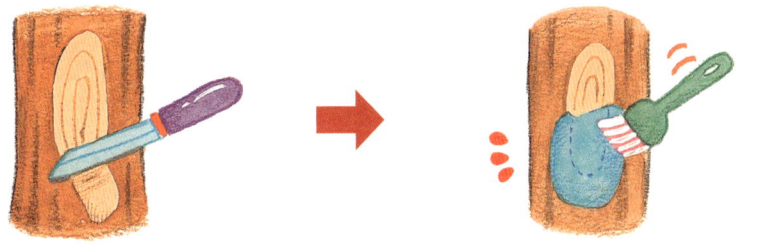

칼 등으로 피해 부분을 넓게 깎아낸다 → 깎은 부분보다 넓게 약을 바른다

피해 부분이 작은 경우

솔로 약을 바른다

피해 부분에 직접 바르고 솔로 편다

[해충이 잘 생기는 부분과 대표적인 해충]

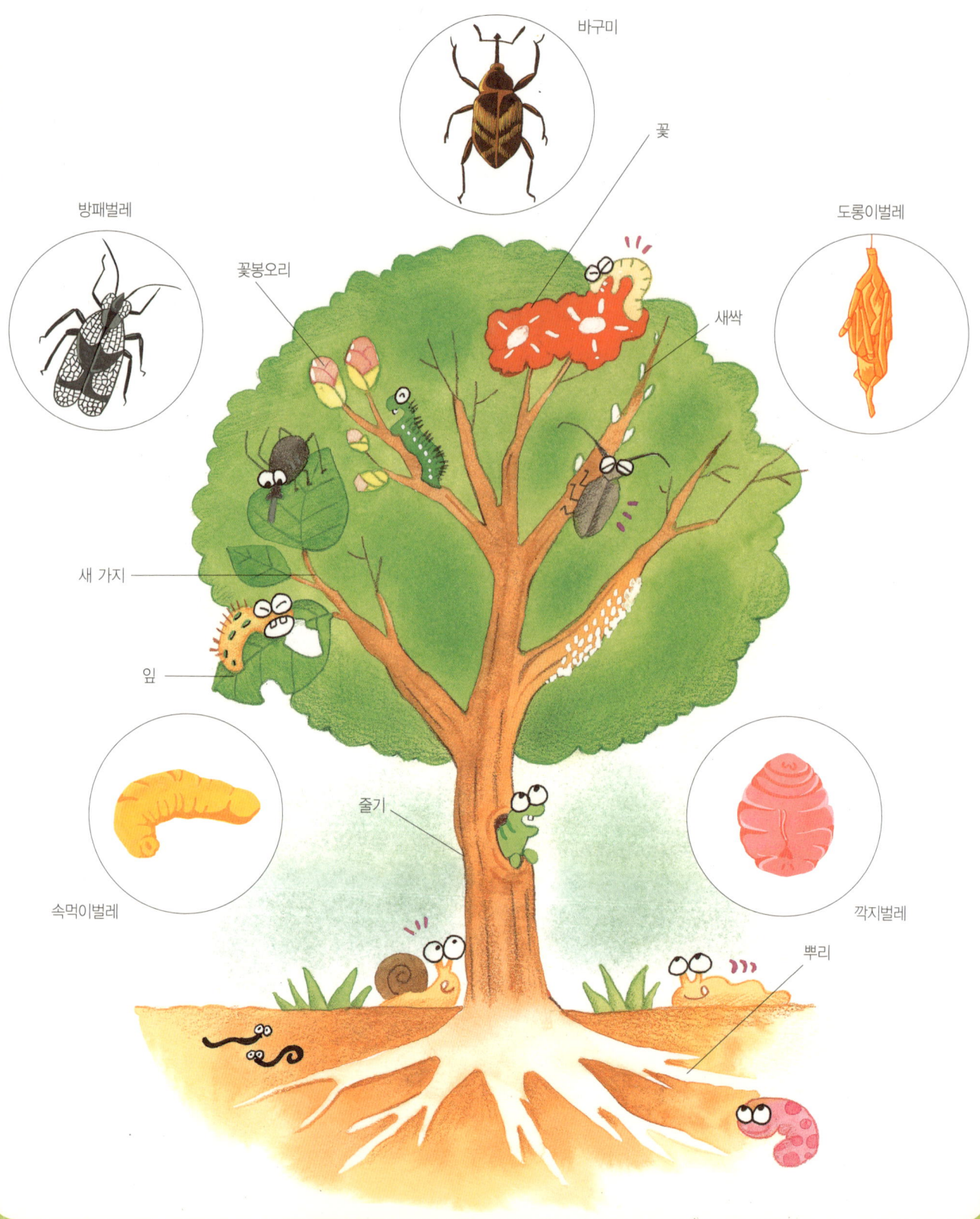

화초류 part 03

- 초기 생육이 나쁘다
- 화초가 크게 자라지 않는다
- 꽃이 잘 피지 않는다
- 잎에 생기는 병해충
- 꽃봉오리와 꽃에 생기는 병해충
- 줄기와 뿌리에 생기는 병해충
- 숙초가 잘 자라지 않는다
- 구근초가 잘 자라지 않는다

화초류

초기 생육이 나쁘다

봄부터 가을까지 꽃이 피는 1년초는 일반적으로 가을 또는 봄에 씨앗을 뿌려서 모종을 길러 옮겨 심습니다. 이 때 자주 생기는 문제가 씨앗이 발아하지 않는 것인데, 대부분 관리방법에 문제가 있기 때문입니다. 관리에 조금만 신경을 쓴다면 이런 문제는 해결할 수 있습니다.

1 씨앗이 발아하지 않는다

오래된 씨앗을 뿌리지 않았나요?

전문가 advice

씨앗은 보통 상온에서 1~2년 사용하도록 되어 있습니다. 그러나 최근에는 종묘회사에서 몇 해 동안 씨앗을 모아서 적절한 상태로 보관하였다가 여러 해에 걸쳐 판매하기도 합니다.

씨앗 봉투에는 'ㅇㅇㅇㅇ년 파종용' 등으로 적혀 있습니다. 그리고 봉투에 적혀 있는 연도에 씨앗을 뿌렸을 때에는 보통 씨앗 봉투에 있는 발아율대로 발아합니다. 그러나 1~2년 전의 씨앗이라면 대부분 적혀 있는 발아율보다 적게 발아합니다. 발아율이란 씨앗을 뿌렸을 때 어느 정도의 비율로 발아하는지를 알 수 있는 기준으로, 이것을 보고 씨앗을 뿌릴 양을 정합니다.

그러나 관리가 잘되어 있는 씨앗도 판매될 때 직사광선을 받거나 습도가 너무 높으면 씨앗이 훼손될 가능성이 있습니다. 또 사용하지 않고 남은 씨앗을 보관할 때도 알맞은 상태에서 보관하기 어렵습니다. 이런 이유 때문에 오래된 씨앗은 발아율이 떨어질 확률이 높습니다.

SOS

관리법 씨앗은 알맞은 양만 구입하여 사용하는 것이 가장 좋은 방법으로 아무리 적은 양을 사도 한꺼번에 모두 사용하지 않으면 반드시 남게 됩니다. 버리기는 아깝지만 다음에 사용해서 발아하지 않으면 파종적기를 놓칠 수 있을 뿐만 아니라 낭패를 볼 수도 있습니다. 씨앗은 매년 새로 사서 쓰는 것이 확실합니다.

--- 씨앗이 발아하지 않는다

파종시기가 틀리지 않았나요?

전문가 advice

씨앗은 일정 온도가 되지 않으면 발아하지 않습니다. 일반적으로 봄파종의 1년초는 20℃ 이상인데, 나팔꽃처럼 25℃ 정도에 잘 발아하는 것도 있습니다. 가을파종의 1년초는 발아 적정온도가 15℃ 전후인 것이 많습니다.

SOS

관리법 씨앗은 반드시 파종적기에 뿌리는 것이 중요합니다. 씨를 뿌릴 지역의 기상조건에 따른 씨앗의 파종시기를 참고로 하여 씨를 뿌립니다.

일반적으로 봄에는 벚꽃이 필 무렵, 가을에는 억새풀의 이삭이 나오기 조금 전이 파종적기라고 할 수 있습니다.

또 씨앗을 뿌리고 나서 발아까지 식물의 종류에 따라 5~20일이 걸립니다. 뿌린 씨앗이 발아시기가 지나도 발아하지 않는 경우에는 문제가 생긴 것입니다. 이럴 때에는 빨리 문제점을 파악하여 해결해야 합니다.

[씨뿌리기 종류]

고랑에 약 3cm 간격으로 1알씩 뿌린다.
상토는 적옥토(작은 알갱이) 등

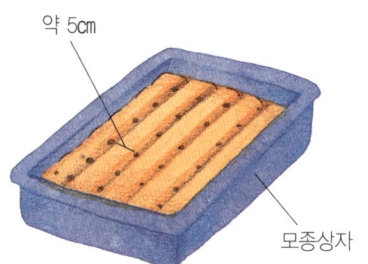

약 5cm

모종상자

줄뿌림
씨앗 지름이 1~3mm일 때

씨앗끼리 겹치지 않게 뿌린다

흩뿌림
씨앗 지름이 1mm 이하일 때

약 5cm 간격으로 뿌린다

3~5알씩 뿌린다

포인트!

각각의 씨앗이 붙지 않게 뿌리는 것이 포인트이다

점뿌림
씨앗 지름이 3mm 이상일 때

씨뿌리기 후 흙을 바르게 덮었나요?

전문가 advice

SOS

일반적으로 씨앗을 뿌리고 나서 씨앗 위에 흙을 덮습니다. 이것을 '흙덮기'라고 합니다. 뿌린 씨앗이 발아하지 않는 원인 중의 하나는 흙덮기가 너무 두텁게 된 경우입니다.

씨앗 중에는 '호광성' 또는 '광발아성'으로 불리는 종류가 있습니다. 이런 씨앗들은 햇빛을 받지 않으면 발아하지 않는 성질이 있습니다. 그 때문에 씨앗을 뿌린 후 흙을 두텁게 덮으면 발아하지 않습니다.

관리법 일반적으로 씨앗을 뿌리고 나서의 흙덮기는 뿌린 씨앗이 덮일 정도의 두께로 합니다. 씨앗이 조금 큰 경우에는 흙을 좀더 두텁게 덮습니다.

씨앗을 뿌릴 때 주의할 것은, 씨앗을 뿌린 후 흙과 씨앗을 잘 밀착시키는 것입니다. 그러므로 흙을 덮기 전에 널빤지 등으로 위에서 잘 누릅니다.

흙을 씨앗이 가려질 정도로 덮는 것이 중요하다

눈 크기가 1mm인 체로 내린 고운 흙을 덮는다

씨앗을 뿌린 후에 물을 잘 주었나요?

전문가 advice

씨앗을 뿌리고 나서 씨앗이 발아하기 위해 필요한 것은 충분한 수분입니다. 씨앗이 발아하는 데 아직 비료는 필요 없습니다. 발아에 필요한 양분이 이미 씨앗 속에 저장되어 있기 때문입니다. 그러나 식물의 성장에 필요한 수분은 씨앗 속에 저장되어 있지 않습니다. 그러므로 씨앗을 뿌린 후에 건조하면 발아하지 않습니다.

씨앗은 땅의 표면 가까이에 뿌리기 때문에 건조하기 쉽고, 세심한 주의가 필요합니다.

SOS

관리법

씨앗을 뿌리고 나서 바로 물을 주는 것을 잊지 말아야 합니다. 이후에는 흙의 표면이 말랐을 때 물을 흠뻑 줍니다. 나팔꽃이나 해바라기같이 지름이 3mm 이상인 큰 씨앗은 보통 땅의 표면에서 5~10mm 깊이에 심습니다. 그러나 씨앗이 작을 때에는 땅의 표면에 가깝게 얕게 뿌립니다. 이 경우에 위에서 물뿌리개 등으로 물을 줄 때 튀어나가지 않도록 주의해야 합니다.

또한 요수법(腰水法)으로 물을 주는 것도 좋은 방법입니다.

[씨뿌리기 후 물을 주는 방법]

되도록 물 나오는 구멍이 작은 물뿌리개를 사용한다

낮은 곳에서 부드럽게 뿌린다

흙과 씨앗이 튀어서 흩어진다

높은 곳에서 뿌리면 물의 힘이 세다

모종상자를 물이 들어 있는 용기에 담가 아래 구멍으로 물을 흡수시키는 요수법도 좋다

알고있나요?

물 주는 방법 요수법

큰 용기에 물을 담고 그 속에 씨앗을 뿌린 모종 상자 등을 넣어 물을 아래로부터 흡수시키는 방법이다. 보통 양동이나 화분받침·세면대 등에 물을 담아서 화분 높이의 1/4~1/2까지 담근다. 너무 건조해진 화분식물을 회복시키려고 할 때, 또는 2~3일 집을 비울 때, 작은 씨앗을 뿌렸을 때 편리하다. 단, 화분식물을 오랫동안 물에 담가 두면 뿌리가 질식해서 썩어버릴 수도 있으므로 주의해야 한다.

2 고르게 잘 자라지 않는다

흙덮기가 고르게 잘 되었나요?

전문가 advice

최근에는 씨앗의 발아율이 매우 높아졌습니다. 그래서 새 씨앗을 사용하고, 바른 방법으로 씨앗을 뿌려서 관리하면 발아는 거의 고르게 됩니다.

그러나 씨앗을 뿌린 후에 흙이 곳에 따라 너무 얇거나 두텁게 덮이면 발아가 고르지 않을 수 있습니다. 또는 호광성 씨앗을 뿌렸는데 어떤 곳에는 흙이 있고 없고 하면 역시 고르게 발아하지 않습니다.

SOS

관리법 모종이 한군데 모여서 빽빽하게 자라면 솎아주어야 합니다. 일단은 빽빽한 상태로 계속 자라게 하고, 적당한 시기에 모종을 솎아내서 발아하지 않은 장소에 조심스럽게 옮겨 심어 기릅니다.

또는 발아하지 않은 곳에 씨앗을 다시 한번 뿌려주는 것도 하나의 방법입니다.

생장에 따라 1번 내지 여러 번 솎아내는데, 뽑아낸 모종을 다른 장소에 옮겨 심는 경우에는 뿌리가 상하지 않도록 조심스럽게 파내는 것이 중요합니다.

[솎아내기]

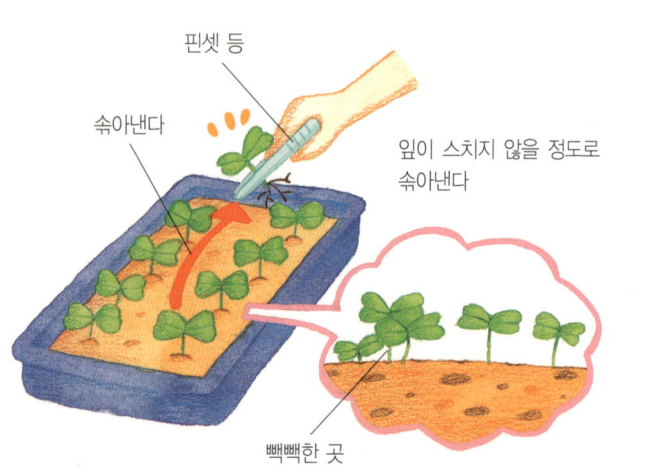

[옮겨심기]

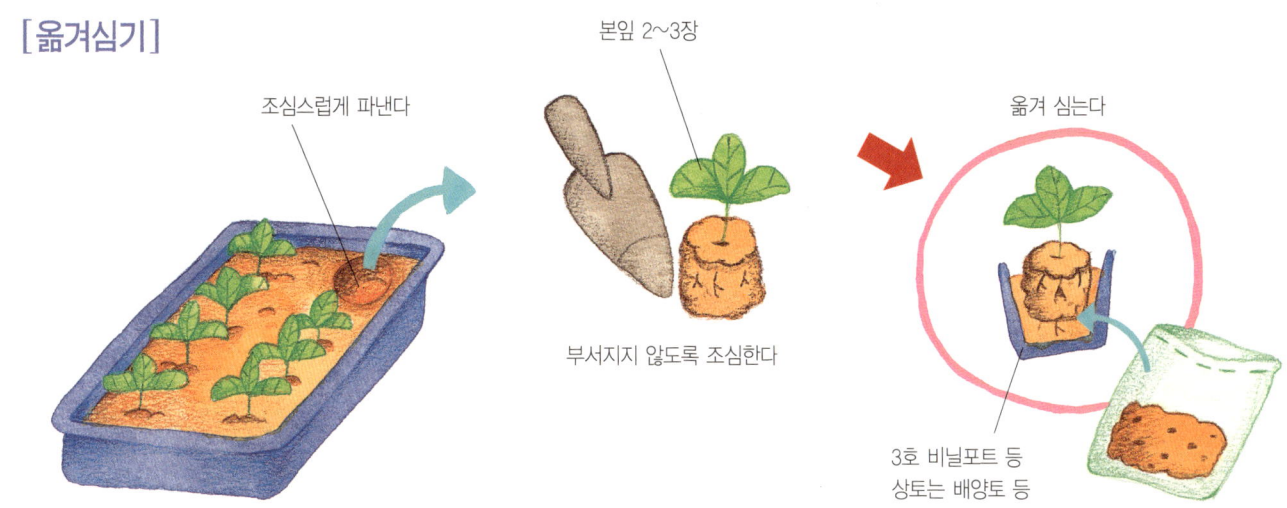

발아 후에 바로 비료를 주었나요?

전문가 advice

씨앗에는 발아에 필요한 양분이 이미 저장되어 있습니다. 그러나 발아 후 성장에 필요한 양분까지는 저장되어 있지 않습니다.

그러므로 발아 직후부터 성장에 필요한 비료를 주어야 합니다. 비료를 주는 시기가 늦어지면 생육상태가 좋지 않아 드문드문 자라게 됩니다.

-------- 고르게 잘 자라지 않는다

SOS

관리법 발아한 것을 확인하면 곧바로 비료를 줍니다. 그러나 그 시기를 맞추기 어렵기 때문에 씨뿌리기용 흙에 처음부터 비료를 섞어두는 것이 좋습니다. 완효성 화학비료를 상토 1ℓ 당 2~4g을 넣습니다. 또는 씨앗을 뿌린 후 물 대신에 액체비료를 줍니다. 단, 규정배율보다 엷게 희석하여 줍니다.

화초류

화초가 크게 자라지 않는다

씨앗을 뿌려서 키운 모종, 또는 구입한 모종을 화단이나 화분에 옮겨 심었는데 생각만큼 크게 자라지 않을 때가 있습니다. 이것은 관리를 잘못했기 때문인 경우가 많습니다.

1 옮겨 심은 화초가 크게 자라지 않는다

지난해와 같은 장소에 심었나요?

전문가 advice

SOS

스위트피 같은 콩과 화초나 피튜니아 등의 가지과 화초, 또는 과꽃 등은 지난해와 같은 장소에 옮겨 심으면 이어짓기장해를 일으켜서 잘 자라지 않는 경우가 자주 있습니다.

관리법 이어짓기장해의 주요 원인은 토양의 병해충이며, 그밖에 뿌리에서의 생육 저해물질 분비, 특정 미량요소의 결핍 등이 원인입니다. 이런 이유로 채소뿐만 아니라 화초의 경우에도 같은 장소에서 여러 해 동안 계속해서 기르면 여러 가지 병충해 때문에 곤란해집니다. 따라서 같은 장소에서 적어도 2년은 쉬었다가 심습니다.

물이 부족하지 않나요?

전문가 advice

식물은 뿌리에서 흡수한 물을 여러 가지로 이용합니다. 예를 들면, 살아가는 데 필요한 영양분이나 에너지 물질을 식물체의 각 부분으로 운반하는, 사람의 혈액과 같은 역할을 합니다. 또는 햇빛과 함께 광합성에 이용하여 식물의 생명활동에 필요한 수크로오스(sucrose, 자당)나 과당 등의 당류를 만들어냅니다. 더 나아가 당분을 전분으로 바꾸어 뿌리나 열매 등의 저장기관에 운반하여 저장하는 데도 물이 필요합니다.

이렇듯 식물이 성장하기 위해서는 햇빛과 함께 물이 꼭 필요합니다. 물이 부족하면 바로 그 순간부터 꽃과 나무에 기운이 없어지고 시들며, 그대로 두면 말라 죽어버립니다. 특히 화분에서 기르는 경우에 물 부족은 바로 영향을 줍니다.

SOS

관리법 화단이나 노지에 심었을 때에는 물을 매일 주지 않아도 됩니다. 비가 내리지 않아도 흙에 수분이 있기 때문입니다. 그러나 건조한 날씨가 계속되면 물을 충분히 주어야 합니다.

화분에서 재배할 때에는 날마다 물 주는 일을 빠트려서는 안 됩니다. 흙의 양이 한정되어 있어서 수분의 양도 한정되기 때문입니다.

일반적으로 흙의 표면이 말라 있으면, 화분 바닥의 구멍으로 물이 많이 흘러나올 때까지 물을 충분히 줍니다. 그래야 화분의 흙이 적절한 양의 수분을 갖게 됩니다.

그러나 화분의 흙에 습기가 너무 많으면 오히려 식물에 나쁜 영향을 줍니다. 식물이 물러져서 뿌리 썩음의 원인이 되기 때문입니다.

물을 줄 때 또 한 가지 주의해야 할 것은, 조금씩 자주 주는 것보다 표면이 마를 때까지 기다렸다가 흠뻑 주는 것입니다. 왜냐하면 조금씩 자주 주면 물이 화분의 중간까지만 내려가다가 말아, 아래쪽은 마르는 반면 위쪽은 습기가 너무 많아지기 때문입니다.

화분받침을 사용하는 경우, 받침 속에 물이 괴어 있으면 다습상태가 됩니다. 물을 준 후에 화분받침에 괴어 있는 물은 반드시 버립니다.

알고있나요?

화초의 이어짓기 장해

매년 같은 장소에 같은 식물을 심어서 예쁜 꽃이 피었는데, 왠지 최근에 잘 자라지 않는다. 이런 경험이 있었을 것이다. 채소에서 이어짓기장해란 말이 자주 나오는데, 화초에서도 같은 현상이 일어난다. 즉, 같은 종류의 식물을 같은 장소에만 심으면 생육이 나빠지기 쉽다. 특히 국화과나 가지과 식물에서 잘 일어난다.

되도록 1년에 1회는 잎이나 뿌리 등도 남기지 말고 완전히 뽑아내어 흙을 개량하고, 다른 종류의 식물을 심도록 한다.

[화분재배할 때 물 주는 방법]

흙의 표면이 말랐으면 물을 주어야 할 때다

포기 아래쪽에 준다

바닥의 구멍에서 물이 흐를 정도로 충분히 준다

배수구는 사용하지 않는 것이 좋다

꽃에 물을 뿌리지 않도록 주의한다

화분받침에 물이 괴지 않도록 한다

버린다

옮겨 심은 화초가 크게 자라지 않는다

곧은뿌리성 화초를 옮겨 심었나요?

전문가 advice

화초의 뿌리가 자라는 방법은 크게 두 가지로 나뉩니다. 하나는, 포기의 아래 부분에서 잔뿌리가 많이 나와 사방으로 자라는 타입입니다. 다른 하나는, 원뿌리가 마치 무나 당근이 땅 속 깊이 자라는 것처럼 아래로 곧게 자라는 타입입니다. 이것을 일반적으로 '곧은뿌리성 식물' 이라고 합니다. 대표적인 것으로 스위트피와 금영화·개양귀비 등이 있습니다.

곧은뿌리성 식물을 옮겨 심을 때에는 가장 중심이 되는 뿌리의 끝쪽을 자르거나 다치게 하는 경우가 종종 있습니다. 이 때문에 식물의 생육이 나쁜 것으로 생각됩니다.

SOS

관리법 스위트피와 금영화 등의 곧은뿌리성 화초를 직접 씨를 뿌려서 기르고 싶을 때에는, 옮겨 심지 않아도 되도록 처음부터 알맞은 간격으로 벌려서 씨앗을 3~5알씩 화단이나 화분에 직접 뿌립니다. 그 후 성장에 따라 솎아주고, 마지막에 1포기만 남깁니다.
또는 비닐포트 등에 3~5알씩 뿌리고, 같은 방법으로 솎아서 1포기만 남긴 후 크게 자라기 전에 옮겨 심습니다. 이 경우에 비닐포트에서 꺼낼 때 흙이 부서지지 않도록 조심합니다.

[곧은뿌리성 화초를 기르는 방법]

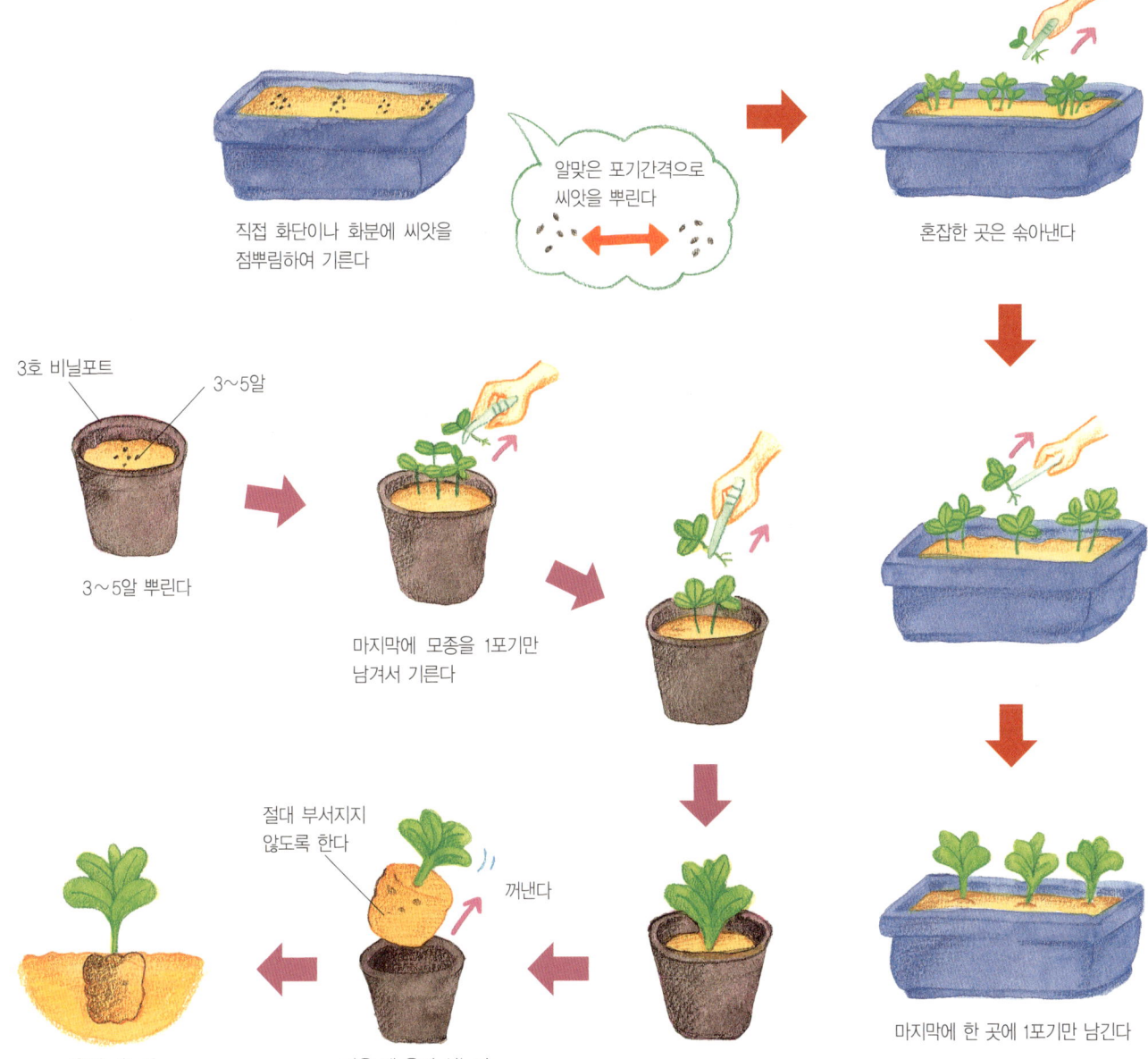

밑거름을 바르게 주었나요?

전문가 advice

화초가 생각대로 크게 자라지 않을 때 잎을 보면, 잎에 윤기가 없고 색이 좋지 않은 경우가 자주 있습니다. 잎의 색이 좋지 않은 경우는 두 가지가 있습니다. 하나는 색이 옅은 황색인 경우이고, 다른 하나는 아주 짙은 초록색인 경우입니다.

보통 잎이 누렇게 변할 때는 포기 자체도 약해집니다. 반면에 초록색이 진한 경우에는 잎이 뻣뻣한 느낌입니다.

그러나 잎이 변하는 사례에서 잎이 전체의 10% 정도만 변하면 일단 문제가 안 됩니다. 잎은 새 눈에서 나와서 생장하고 시들어 새로운 잎과 교체되므로, 이 정도라면 식물의 성장 주기로 볼 수 있기 때문입니다. 그러나 누렇게 변하는 잎이 포기 전체의 30~40%가 되면 이것은 관리상의 문제입니다.

일반적으로 잎은 비료가 적으면 양분이 충분히 골고루 미치지 않아서 황색 반점이 생깁니다. 반대로 비료를 너무 많이 주면 잎에만 양분이 많아져서 색이 짙어집니다.

SOS

관리법 화초를 옮겨 심을 때에는 반드시 밑거름을 주어야 하는데, 완효성 화학비료가 이용하기 쉽고 편리합니다. 양도 알맞게 주어야 하는데 식물에 따라 비료 요구량이 다르므로 정확하게 맞춰서 줍니다.
완효성 화학비료는 주고 나서 조금씩 효과가 나타나 길게 지속되는 비료입니다. 지속기간은 1~2개월인 것도 있고, 반년 동안 지속되는 것도 있습니다. 1년초의 생육 주기는 대체로 수개월부터 반년이기 때문에, 반년 타입의 밑거름을 이용하면 보통 생육기간 동안 웃거름이 필요하지 않습니다.

지효성 화학비료도 있는데, 이것은 주고 나면 효과가 조금 지나서 나타나 길게 지속되는 타입입니다.
완효성 화학비료는 옮겨심기 직전에 흙에 섞어 사용할 수 있습니다.
유기질을 주재료로 한 지효성 화학비료는 옮겨심기 1~2주 전에 줍니다. 또 비료가 뿌리에 닿지 않도록 포기에서 떨어진 곳에 주고, 심을 구멍에 넣는 경우에는 그 위에 흙을 조금 넣고 옮겨 심어야 합니다.
밑거름을 주지 않았거나 부족한 경우에는 웃거름을 주어서 길러야 합니다. 또 밑거름을 알맞

[밑거름을 주는 방법]

상토 / 완효성 화학비료

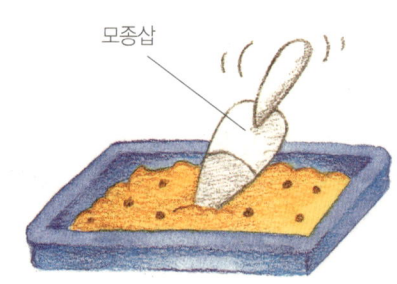

모종삽 / 잘 섞는다

게 주었는데도 불구하고 잎이 누렇게 변하고 포기가 생각대로 자라지 않는 경우에, 다른 원인이 없다면 웃거름을 주어 회복시킬 수도 있습니다.

웃거름으로 편리하게 사용할 수 있는 것은 액체비료입니다. 원액을 규정 농도로 엷게 희석하여 1주~10일 간격으로 물 대신 액체비료를 줍니다.

물뿌리개로 뿌리는 경우에는 잎과 꽃 등에 직접 닿지 않도록 포기 둘레의 흙에 뿌립니다. 비료가 잎과 꽃에 닿으면 손상될 수 있기 때문입니다.

옮겨 심은 화초가 크게 자라지 않는다

옮겨심기한 흙의 성질이 다른가요?

전문가 advice

SOS

파는 모종을 구입하여 옮겨 심은 후 관리를 제대로 하는데도 크게 자라지 않는 경우가 있습니다. 이것은 모종이 심어져 있던 흙과 옮겨 심은 곳의 흙의 성질이 아주 다른 것이 원인입니다.

예를 들어, 모종이 심어져 있던 상토가 피트모스와 피트 제품일 경우 등에 자주 일어납니다. 모종이 피트모스와 피트 제품의 성질에 익숙해져 있기 때문에, 성질이 다른 배양토에 옮겨 심으면 그 경계 부분을 지나서는 뿌리가 자라지 않습니다.

뿌리는 원래의 모종흙 아랫부분에서 안으로 둥글게 고리를 만들 듯이 자랄 뿐입니다. 이래서는 포기가 크게 자라지 않습니다.

관리법 모종을 옮겨 심을 때 모종이 심어져 있던 상토에 대해 잘 알아봅니다. 상토가 피트모스와 피트 제품인 경우에는 옮겨 심을 흙을 만들 때에 개량재로 피트모스를 사용합니다. 그러면 뿌리가 잘 퍼지게 됩니다.

만약 옮겨 심고 나서 모종이 피트모스에 심어져 있던 사실을 알게 되고, 옮겨 심은 곳의 흙이 모종이 심어져 있던 흙과 성질이 맞지 않아 생육이 좋지 않은 경우에는, 뿌리가 상하지 않게 파서 피트모스를 섞어 만든 상토에 옮겨 심습니다.

모종

비료를 섞어 넣고 바로 옮겨 심어도 된다

[밑거름의 양]

구분	밑거름의 양
3호 화분	2~3g
4호 화분	3~5g
5호 화분	6~8g
6호 화분	8~10g
7호 화분	10~12g
플랜터(상토 1l당)	6~8g
텃밭(1㎡당)	100~200g

✱ 식물의 종류에 따라 비료 요구량이 조금 다르므로 양을 조절한다.

꽃이 잘 피지 않는다

힘들여 길렀는데 생각대로 꽃이 피지 않는 경우가 자주 있습니다. 대부분은 관리 방법의 문제입니다. 빨리 손을 쓰면 곧 좋은 꽃이 핍니다.

1 꽃봉오리가 많이 달리지 않는다

햇빛이 충분히 드나요?

전문가 advice

햇빛이 잘 안 들면 생육이 나빠져서 꽃봉오리가 많이 달리지 않습니다. 꽃봉오리가 전혀 안 달리는 일은 거의 없지만, 극단적인 예로 하루 종일 햇빛을 전혀 받지 못하면 꽃봉오리가 안 달리는 문제가 생깁니다.

관리법 식물이 성장하기 위해서는 햇빛이 필요합니다. 대부분의 식물은 봄부터 가을까지가 생육기간으로, 이 시기에 햇빛을 충분히 받아야 합니다. 식물은 빛에너지를 이용해서 영양분을 만드는데, 이것을 '광합성 작용'이라고 합니다.

그러나 주택 환경이 여러 가지로 달라서 하루 중 햇빛을 확보하기 어려운 경우도 적지 않습니다. 이럴 때에도 반나절 이상 햇빛을 듬뿍 받을 수 있는 장소에 화단을 만들거나 화분을 놓는 것이 좋습니다.

보통 '반그늘'이란 나뭇잎 사이로 새어드는 햇

빛 정도, 즉 빛의 세기가 중간 정도인 장소라는 의미입니다. 그밖에 하루 중 반은 그늘이 되는 장소라는 의미도 있습니다. 즉, 오전 중에는 햇빛이 들지만 오후에는 내내 그늘이 되는 장소 등을 가리킵니다. 이런 장소에서는 일반적으로 생육이 조금 둔하거나 꽃봉오리를 잘 맺지 못합니다.

또 계절에 따라 반나절 이상 햇빛이 들지 않는 경우에는 화단을 다른 장소에 옮겨서 만들거나, 또는 '셰이드 가든 shade garden'으로 분류하여 그늘에 강한 식물을 심습니다. 셰이드 가든은 반그늘이나 빛이 별로 비치지 않는 장소 등에 만드는 정원을 말합니다. 식물 중에는 그늘에도 강한 종류가 여러 가지 있으므로 이런 종류를 조합하여 심는 것이 효과적입니다.

화분을 실내에 두는 경우에도, 커튼 너머로 직사광선이 들어오는 창가 같은 곳에 두어 햇빛을 충분히 쬐어줍니다. 또한 여름의 직사광선을 너무 쬐면 식물에 따라서는 잎이 타고 포기가 상하기 때문에 주의가 필요합니다. 이 때 잎이 타는 현상을 '잎의 화상'이라고 합니다. 잎의 화상이란 강한 빛에 노출되어 잎의 끝이 갈색으로 변색된 상태를 말합니다. 뿌리가 썩을 때도 이런 증상이 나타납니다.

[셰이드 가든에 적합한 식물]

식물명	꽃피는 시기	특징
담쟁이덩굴(아이비)	───	땅을 덮는 데 최적. 잎의 색과 모양이 여러 가지이다
노루오줌	7~8월	꽃은 하양·빨강·복숭아색 등. 불타는 듯한 느낌의 꽃이 핀다
삼지구엽초	5월	꽃은 노랑·빨강·복숭아색 등. 꽃이 닻과 같은 모양
꽃부추	3~4월	꽃은 하양·담청색. 꽃이 별모양
뉴기니아봉선화	5~12월	꽃은 빨강·하양 등. 꽃 피는 기간이 매우 길다
얼레지	3월	꽃은 파랑·하양·복숭아색 등. 별명은 에리스로니움
옥잠화	7~8월	꽃은 하양 등. 꽃보다 잎이 아름다워서 관상 가치가 있다
금낭화	5~9월	꽃은 하양·복숭아색 등. 하트 모양의 꽃이 핀다
콜레우스	───	잎은 빨강과 노랑, 하양과 초록색 등으로 다양하다
석남	5~6월	꽃은 색이 여러 가지. 별명은 로도덴드론. 밝은 그늘에서 잘 자란다
무릇	7~8월	꽃은 파랑. 나뭇잎 사이로 햇빛이 새어드는 반그늘에서 잘 자란다
서향	3월	꽃은 빨강·복숭아색 등. 달콤한 향기가 나는 늘푸른나무로 기르기 쉽다
갈란투스(스노드롭)	2월	꽃은 하양. 봄을 제일 먼저 알려준다
제비꽃	4~5월	꽃은 파랑·하양 등. 작지만 꽃모양이 독특하다
진황정	5월	꽃은 하양. 은방울꽃과 비슷한 꽃이 아주 예쁘다
프리뮬러	11~4월	꽃은 색이 여러 가지. 어느 장소에서나 잘 자란다
크리스마스로즈	12~2월	꽃은 하양 등. 별명은 헬레보루스. 큰 포기가 된다
맥문동	5~6월	꽃은 적자색. 작은 꽃이 수상꽃차례로 모여서 핀다
백합	한랭지형 5월, 난지형 8월	꽃은 색이 여러 가지. 큰 나무 아래에서 오히려 잘 자란다

비료를 너무 많이 주지 않았나요?

전문가 advice

옮겨 심을 때 반드시 밑거름을 주는데, 이 때 규정 이상으로 많이 주지 않도록 합니다. 특히 비료의 3대 영양소 중 질소 성분이 너무 많은 비료를 주면 꽃이 피지 않고 잎만 무성해집니다. 그 때문에 꽃이 적어지는 것입니다.

SOS

관리법

비료의 3대 영양소는 질소·인산·칼륨입니다. 질소는 주로 잎을 자라게 하고, 인산은 꽃과 열매를 자라게 하며, 칼륨은 주로 뿌리를 자라게 합니다.

비료는 보통 비료의 3대 영양소인 질소·인산·칼륨이 배합된 복합비료를 이용하는데, 포대에 배합비율이 표시되어 있습니다. 예를 들어 5·10·5 등으로 표시된 것은 각각의 비료성분이 5%·10%·5%씩 들어 있다는 것을 의미합니다.

직접 씨앗을 뿌려서 기른 모종이나 구입한 모종의 경우에도 규정량의 밑거름을 줍니다. 이 때는 꽃이 잘 자라게 하는 인산 성분이 많은 완효성 화학비료가 좋습니다.

주는 양은 땅에 심는 것과 용기재배에 차이가 있습니다. 땅에 심는 경우에는 1㎡당 100~200g, 용기에 심는 경우에는 상토 1ℓ당 6~8g이 적당합니다.

옮겨심기하고 나서 꽃봉오리가 많이 달리지 않을 때에는 웃거름으로 인산이 많은 비료를 주면 효과적입니다.

이럴 때 웃거름으로 사용하면 편리한 것이 액체비료인데, 인산이 많이 함유되어 있는 것을 고릅니다. 예를 들어, 원예비료는 질소·인산·칼륨의 성분비율이 5·10·5로, 인산 성분이 다른 두 성분의 2배입니다. 이런 타입의 액체비료를 규정배율로 엷게 희석하여 1주~10일에 1회 정도 물 대신 줍니다. 희석배율은 250~1,000배가 적당합니다.

[비료 효과]

[3대 영양소의 흡수량]

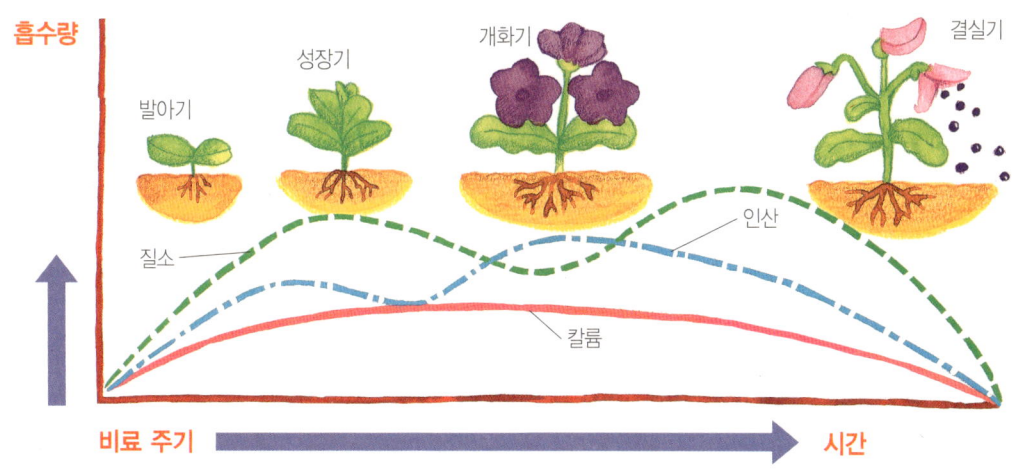

2 순지르기와 꽃이 핀 후의 관리

시든 꽃을 골라서 따버렸나요?

전문가 advice

식물은 꽃이 피는 것이 끝나면 다음 세대를 위하여 씨앗을 만듭니다. 이것을 '열매맺기'라고 합니다. 식물이 열매를 맺기 위해서는 영양분이 많이 필요합니다. 그 때문에 열매가 맺히면 영양분이 다른 곳에 골고루 전달이 안 됩니다.

꽃이 피기 위해서도 영양분이 필요한데 영양분이 열매를 맺는 쪽으로만 가서, 그 결과 꽃의 수가 줄어버리는 것입니다.

SOS

관리법 꽃이 시들면 볼품없어진 꽃을 바로 골라서 따버려야 합니다. 그래야 양분이 다른 꽃을 피우는 데 이용되어 꽃의 수가 늘어납니다.

한창 꽃이 필 시기에는 시들어서 볼품없어진 꽃이 매일 나옵니다. 그러므로 이런 꽃을 잊지 않고 골라내는 것이 중요합니다. 다 피고 진 꽃이 달려 있던 가지의 아래에서 잘라내는 것이 포인트입니다.

순지르기를 몇 번이나 하였나요?

전문가 advice

SOS

화초는 줄기 끝에 봉오리가 나와서 꽃이 핍니다. 그러므로 줄기의 수가 적으면 꽃의 수도 적어집니다.

줄기의 수가 적은 이유 중 하나는, 순지르기를 하지 않아서 가지가 갈라지지 않았기 때문입니다. 1줄기에 꽃이 1송이 피는 화초를 제외하고, 성장하는 줄기의 끝을 자르면 그곳에서 옆으로 여러 개의 곁눈이 나와 자랍니다. 이렇게 하면 꽃이 달리는 줄기의 수를 늘릴 수 있습니다.

관리법 보통 1년초는 옮겨 심고 높이가 15~20㎝로 자랐을 때 끝쪽의 눈(싹)이 있는 곳을 자릅니다. 그로 인해 곁눈이 새로 생기고 가지 수가 늘어납니다. 그리고 곁눈이 3~4마디 자랐을 때 다시 한번 각 가지의 끝쪽을 순지르기하면, 가지의 수가 더 늘고 그만큼 많은 꽃이 핍니다.

단, 1줄기에 꽃이 1송이만 피는 화초는 가지를 자르면 꽃이 전혀 달리지 않게 되므로 주의해야 합니다.

전성기가 지난 후 잘라 다듬기하고 있나요?

전문가 advice

SOS

계속해서 꽃을 피우던 화초도 가지가 자라면서 화초의 모양이 흐트러집니다. 이렇게 되면 꽃의 수도 매우 적어집니다.

관리법 한창 꽃이 피었다 진 후 꽃의 모양이 흐트러지면 자르기를 합니다. 꽃이 어느 정도 남아 있어도 포기 전체의 1/3 정도까지 잘라내는 것이 좋습니다. 이렇게 해야 잘라낸 곳에서 곁눈이 나와 다시 많은 꽃이 피게 됩니다.

그러나 잘라내지 않으면 씨앗을 받아서 다음에 또 키울 수 있습니다. 그럴 경우에는 일정 수의 열매가 맺히도록 합니다. 꽃을 즐기는 것도 좋지만, 그대로 키워서 씨앗을 받아두었다가 다음해에 심으면 계속하여 꽃을 볼 수 있는 즐거움이 있습니다.

단, 최근의 1년초 씨앗은 잡종(F1 종자, 1대에 한한 종자)이 많아서, 다음해에 뿌리면 같은 것이 나오지 않는 경우도 있으므로 잘 알아보아야 합니다.

잎에 생기는 병해충

모든 식물에 있어 병해충이 가장 잘 생기는 곳이 잎의 안과 밖입니다. 잎은 식물이 성장하는 데 필요한 광합성작용을 하는 중요한 기관이기 때문에, 문제가 발견되면 빨리 대처해야 합니다.

1 잎에 잘 생기는 해충

진딧물이 생기지 않았나요?

전문가 advice

SOS

잎의 뒷면을 살펴보면 2~3㎜의 작은 벌레가 많을 때가 있습니다. 진딧물이 생긴 것입니다. 진딧물은 1년초와 숙근초·구근초 등 매우 많은 식물에 공통적으로 발생하는 해충입니다. 색은 초록색과 갈색 외에 검정과 하양 등 여러 가지입니다. 어린 줄기 등에도 많이 붙어 있습니다.

마치 모기가 피를 빨듯이 식물의 즙을 빨아먹고, 심한 경우에는 생육불량이 됩니다. 그러나 진딧물의 영향 중에서 무엇보다 주의해야 할 것은 바이러스병을 옮기는 것입니다. 모자이크병 등은 효과적인 약이 없기 때문에 그 원인이 되는 진딧물의 구제에 힘써야 합니다.

관리법 다행히 진딧물은 여러 가지 약으로 구제할 수 있습니다. 일반적으로 사용하는 아세페이트를 비롯하여 메프 유제, 말라티온-메프 등이 효과적입니다. 피해가 적을 때에는 이 약들을 분무기로 뿌려주기만 해도 구제가 됩니다.

모두 1주일 간격으로 2~3회 사용하면 효과가 나타납니다. 또 예방의 목적이라면 10일에 1회 정도 사용합니다.

벌레가 없는데 잎에 갉아먹은 흔적이 있나요?

전문가 advice

배추벌레와 털벌레, 박가시나방의 유충 등은 대부분 잎을 먹은 흔적을 발견할 수 있습니다. 그러나 이런 해충이 없는데도 잎에 갉아먹은 흔적이 있을 때가 있습니다. 주의 깊게 살펴보아도 해충이 보이지 않을 때에는 대부분이 도둑벌레류나 민달팽이·달팽이의 피해입니다. 이 해충들은 야행성이기 때문에 낮에는 발견하기 어렵습니다. 단, 민달팽이·달팽이는 지나간 길에 흔적이 남기 때문에 민달팽이나 달팽이가 있다는 것을 알 수 있습니다.

도둑벌레는 한 해에 여러 차례 발생하고, 민달팽이나 달팽이는 습기가 많은 장마철에 많이 발생합니다. 모두 1년초와 숙근초·구근초 등 많은 식물에 발생합니다.

SOS

관리법 도둑벌레는 발견하기 어렵기 때문에 약으로 없애야 합니다. 일반적으로 효과가 있는 메프 유제나 아세페이트 등을 사용합니다. 단, 메프 유제를 배추과 식물에 사용하면 약해를 일으킵니다. 그 때문에 배추과 식물에 대해서는 아세페이트 등의 다른 약을 사용합니다.

그밖에 유인해서 없애는 타입의 나크폰 5% 독먹이도 도둑벌레에 효과적입니다.

민달팽이·달팽이에 대한 약으로는 쥐며느리·귀뚜라미까지 유인하여 퇴치하는 그린 베이트와 메타 알데히드, 마이킬라 등과, 효과가 지속되는 나메독스 하우스 등 여러 가지가 판매되고 있습니다. 장소와 발생 상황에 따라 알맞은 약을 사용합니다.

배추벌레와 털벌레, 박가시나방의 유충, 그 밖의 해충을 나무젓가락 등으로 잡는 경우에는 잡은 해충을 근처에 버리면 살아서 다른 포기에 옮겨 붙어 해를 끼칩니다. 잡으면 반드시 눌러 죽이거나 쓰레기봉투에 넣어서 버려 확실하게 없애야 합니다.

그러나 이 때 침에 쏘일 수 있으므로 손으로 직접 만지지 않습니다. 독침이 있는 대표적인 털벌레가 차독나방과 노랑쐐기나방의 유충입니다. 차독나방의 유충은 검정이나 갈색이고 몸 전체에 가는 털이 많이 있습니다. 노랑쐐기나방의 유충은 굵고 짧은 독침이 있으므로 쏘이지 않도록 주의해야 합니다.

알고있나요?

그을음병

잎의 표면이 검댕을 바른 것처럼 검게 되는 병으로 많은 화초에 발생한다. 온실가루이 외에 진딧물 등의 배설물에서 발생한다. 그을음병 자체는 식물에 직접 해를 미치지 않지만, 다른 점무늬성 병을 그을음병으로 알고 아무런 조치도 취하지 않으면 생육불량이 될 수 있다. 그러므로 베노밀 등을 뿌려두면 좋다.

침투이행성 살충제

뿌리면 뿌리와 잎으로 약의 성분이 흡수되어 잎을 먹는 해충에 대해 살충효과를 갖게 되는 살충제를 말한다. 이와 달리 해충에 직접 닿아서 효과를 얻는 살충제를 '접촉제'라고 한다.

잎에 긁힌 듯한 반점이 있나요?

전문가 advice

기온이 높고 건조할 때 잎 뒷면의 색이 변하고 갑자기 마르는 일이 있습니다. 잘 보면 바늘로 찌른 것 같은 점과 하얀 반점이 있고, 잎이 뿌옇게 보입니다.

이것은 잎응애의 피해를 입었을 때 나타나는 증상입니다. 잎응애는 아주 작은 벌레로 주로 잎 뒷면에 발생합니다. 즙을 빨아먹기 때문에 엽록소가 없어져서 그 부분이 하얗게 되는 것입니다.

특히, 엽록소가 없으면 빛에너지를 이용하여 이산화탄소와 물로 식물의 성장에 필요한 양분을 만들어내지 못합니다. 또한 매우 번식이 왕성한 해충이라 수가 늘어나면 구제가 어렵습니다. 빨리 대책을 세우는 것이 중요합니다.

자주 발생하는 식물로는 1년초와 숙근초·구근초 등이 있고, 매우 많은 식물에 피해를 주고 있습니다.

비슷한 피해를 주는 해충으로는 온실가루이가 있습니다.

SOS

관리법 약으로는 응애류 전용의 디코폴 유제와 에톡사졸 액상수화제 등이 있습니다. 주로 잎 뒷면에 발생하기 때문에 분무기로 잎 뒷면에 약을 뿌려줍니다. 보다 확실하게 없애려면 잎 앞면에도 뿌려줍니다.
온실가루이는 아세페이트 등이 효과적입니다.

흔들면 작고 하얀 벌레가 날아오르지 않나요?

전문가 advice

잎에 밀가루를 바른 것처럼 흰 가루가 붙어 있는 경우에 흰가루병의 피해일 때가 많습니다. 마찬가지로 흰 가루 같은 것이 붙어 있을 경우에 온실가루이의 피해일 수도 있는데, 잎을 손으로 흔들어보면 작은 벌레가 일제히 날아오르므로 흰가루병과 구별할 수 있습니다. 또 잎을 흔들어보았을 때 벌레가 날아오르지 않지만 1~2㎜ 되는 타원형의 하얀 것이 붙어 있는 경우가 있습니다. 이것은 온실가루이의 번데기입니다.

모두 유충 때에 잎의 즙을 빨아먹기 때문에 식물의 생육이 나빠지고, 때로는 말라버리는 일도 있습니다. 또 그을음병의 원인이 될 수도 있습니다. 1년초와 숙근초·구근초 등의 많은 식물에서 발생합니다.

SOS

관리법 침투이행성 살충제인 아세페이트 입제 등을 뿌리면 효과가 있습니다. 같은 침투이행성 살충제라도 베스트 수화제는 아세페이트 입제 등이 효과가 없어졌을 때 좋습니다. 또 지속시간도 길기 때문에 보다 장기간 예방효과를 기대할 수 있습니다.
온실가루이는 주로 온실에서 자라는 식물에 발생하지만, 여름에는 온실이 아닌 곳에서도 발생합니다.

잎에 잘 생기는 해충

- 꽃·열매·새싹 등에 구멍을 내며 갉아먹는다.
→ 나방류·털벌레류·풍뎅이류의 성충
- 꽃·열매·새싹 등에 벌레가 있다.
→ 진딧물류·총채벌레류
- 싹의 생장이 정지되고, 새잎이나 꽃이 변색 또는 변형된다.
→ 총채벌레류·먼지응애류
- 줄기의 안쪽을 나방이 갉아먹는다.
→ 머위명나방·박쥐나방
- 꽃이나 잎에 불규칙한 구멍과 광택의 흔적이 있다.
→ 민달팽이
- 잎이나 줄기에 벌레가 있다.
→ 진딧물류·잎응애류·가루이류·총채벌레류

- 잎이나 줄기의 표면에 갉아먹은 흔적이 있다.
→ 나방류·털벌레류
- 잎이나 줄기에 그을음 모양의 곰팡이가 생긴다.
→ 진딧물류·가루이류
- 뿌리가 깎이거나 작은 구멍이 나 있다.
→ 풍뎅이류·잎벌레류·바구미류 등의 유충
- 포기 아래 부분이 깎이거나 잘라져 있다.
→ 거세미나방
- 뿌리가 썩는다.
→ 뿌리썩이선충
- 뿌리에 벌레혹이 있다.
→ 뿌리혹선충

배추벌레와 털벌레 등이 있나요?

전문가 advice

SOS

잎을 먹는 해충으로는 배추흰나비의 유충인 배추벌레와 털벌레 등이 있습니다. 모두 나비와 나방 등의 유충으로 크기가 수㎜에서 수㎝까지 있습니다.

봄부터 가을에 걸쳐 가장 많이 발생하며, 1년초와 숙근초·구근초 등에 많이 나타납니다.

관리법 작은 것도 수㎜ 크기이므로 눈으로 찾아낼 수 있습니다. 발견하면 잡아 죽이는 것이 가장 손쉬운 구제방법입니다. 단, 털벌레 중에는 독침을 가진 것도 있으므로 나무젓가락 등을 이용하여 잡는 것이 좋습니다. 사용한 나무젓가락은 그 자리에서 바로 없애거나 반드시 정해진 장소에 보관해야 합니다.

약으로 없앨 때에는 메프 유제와 아세페이트 등이 효과가 있습니다.

2 잎에 잘 생기는 병

잎에 반점이 생기지 않았나요?

전문가 advice

화초의 생육이 좋지 않을 때 잎을 보면, 반점이 생겼거나 잎의 색이 변한 것을 발견할 수 있습니다. 대부분은 잎에 나타나지만 때때로 줄기 등에도 보입니다.

반점의 색은 하양 또는 검정·갈색 등으로 여러 가지입니다. 이런 반점이 계속 퍼지면 잎이 변색될 뿐만 아니라 마침내 말라서 모두 떨어지거나 썩어버립니다.

이렇게 반점이 생기는 병으로는 점무늬병·검은무늬병·겹무늬병·흰별무늬병 등이 있으며, 하나로 묶어서 '점무늬성 병'이라고 합니다. 발생하는 화초는 1년초·숙근초·구근초 등으로 화초 전체에 나타납니다.

점무늬성 병의 제 1원인은 각종 곰팡이의 기생입니다. 또 박테리아의 기생이 원인인 것도 있습니다.

모두 피해 부분이 넓어지면 포기 전체가 말라버리기도 하며, 특히 박테리아가 원인인 경우에는 피해가 더욱 커집니다.

SOS

관리법 점무늬성 병의 원인이 되는 곰팡이는 한 종류가 아니라 병의 종류에 따라 여러 가지입니다. 그러나 이 병을 치료하기 위해서는 대개의 경우 점무늬성 병에 널리 쓰이는 약을 뿌리는 것이 효과적입니다.

많이 이용되는 약으로 타로닐과 만코지 수화제 등이 있습니다. 모두 예방효과까지 있는 약들입니다.

만약 이 약들을 뿌려도 낫지 않는다면 박테리아가 원인인 반점세균병입니다. 특히 반점이 빨리 퍼진다면 반점세균병일 가능성이 높습니다.

이 때는 보르도 등의 동 수화제를 뿌리면 효과가 있습니다.

까만 반점이 퍼지는 경우에는 탄저병도 의심해 볼 수 있는데, 반점의 주변이 진하고 중심이 옅은 증상이 나타납니다. 이 병도 화초에 많이 발생하는 병입니다. 탄저병이라면 다이센과 만코지 수화제, 타로닐 등을 뿌립니다.

잎에 반점이 생기거나 변색되는 병에는 이밖에도 갈색무늬병·노균병·녹병 등 여러 가지가 있습니다. 따라서 증상만으로 병을 정확하게 판별하는 것은 전문가가 아니라면 쉽지 않습니다.

[잎에 잘 생기는 병]

점무늬성 병
잎에 여러 가지 색의 반점이 생기거나 초록색이 변색된다.

흰가루병
하얗게 곰팡이 같은 것이 생긴다.

잿빛곰팡이병
얼룩 같은 반점이 생기고, 점점 퍼져서 잿빛의 곰팡이처럼 된다.

알고있나요?

병의 4가지 주요 원인

식물이 걸리는 병의 원인을 크게 나누면 바이러스·파이드플라즈마·세균·곰팡이 등 4가지이다.

바이러스
감기 등으로 우리에게도 익숙한 병원체이다. 진딧물 등이 옮기는 것으로 모자이크병이 잘 알려져 있다.

파이드플라즈마
빗자루병 등의 병원 미생물로, 세균보다 작고 바이러스보다 큰 독특한 병원체이다. 멸구류의 곤충이 옮긴다.

세균
해충이 갉아먹어서 생긴 상처를 통해 땅 속 부패균 등의 일반 균이 식물체 속에 침입하여 병을 일으킨다. 썩음병·풋마름병 등이 있다.

곰팡이
고온과 다습, 통풍이 나쁜 이유 등으로 곰팡이가 생겨서 병을 일으킨다. 잿빛곰팡이병·흰가루병·노균병·역병·녹병 등 많은 병해의 원인이 된다. 오래된 흙을 사용하거나, 시든 잎이나 꽃을 방치해두는 것도 곰팡이나 세균병의 발생원인이 된다. 깨끗한 흙을 사용하여 정확하게 관리해야 한다.

잿빛 곰팡이가 생기지 않았나요?

전문가 advice

잎에 얼룩 같은 반점이 생기고, 점점 퍼져서 잿빛의 곰팡이 같은 것이 생길 때가 있습니다. 이렇게 되면 잎에 싱싱함이 없어지고, 꽃과 꽃봉오리에도 같은 증상이 나타나는 경우가 자주 있습니다. 이것이 잿빛곰팡이병으로, 보트리티스병이라고도 합니다.

대부분의 화초에 공통적인 병으로, 봄부터 가을에 걸쳐 발생합니다. 더운 한여름에는 그다지 많지 않지만, 습도가 높은 장마철에는 매우 많이 나타납니다. 또한 물을 줄 때 잎과 꽃에 물을 흠뻑 뿌리거나, 밀식 상태가 되어 포기가 무르면 잘 생기는 병입니다.

밀식 상태란 식물을 옮겨 심을 때 포기간격이 붙어 있는 것을 말합니다.

SOS

관리법 잿빛곰팡이병의 특효약은 이프로 수화제입니다. 베노밀 수화제도 좋지만, 강한 균이 있기 때문에 주의해야 합니다.

또, 발생 조건을 보면 알 수 있듯이 포기가 물러지지 않게 하는 것이 잿빛곰팡이병을 막는 가장 좋은 방법입니다. 그러므로 물을 줄 때 잎과 꽃에 물이 직접 닿지 않고, 포기 밑동에 흘러 들어가게 주는 것이 관리에서 중요합니다. 용기재배할 때에는 장마철에 비를 맞지 않는 장소로 옮기는 것이 효과적인 예방법입니다. 또한 처음 모종을 옮겨 심을 때에 적당히 포기간격을 두고 심는 것이 통풍이 잘되어 좋습니다.

옮겨심기할 때에는 모종이 작기 때문에 포기간격을 좁게 하는 경향이 많은데, 일반적으로 생육이 왕성한 것은 포기간격을 넓게 합니다. 또 성장하면서 잎과 줄기가 늘어나면 아래 잎을 자르거나 다듬어서 통풍이 잘되게 합니다.

아래 잎은 포기의 아래쪽에 있는 가장 오래된 잎이기 때문에 누렇게 말라버리는 경우도 많습니다. 이런 잎이 많으면 병해충의 온상이 되므로 제거하는 것이 좋습니다.

알고있나요?

약의 계량

약으로 인한 약해가 매우 심각하므로, 약을 사용하는 데 있어 무엇보다 주의해야 할 것이 정확하게 규정량을 사용하는 것이다. 가정에서는 스포이드·비이커 등의 전용 도구가 없을 경우에 주변에서 쉽게 구할 수 있는 물건을 활용하여 계량할 수도 있다.

페트병

우유팩

농약의 종류

하얀 가루가 붙어 있지 않나요?

전문가 advice

생육이 제대로 안 될 때 화초의 잎을 자세히 보면, 하얀 가루를 바른 듯한 경우가 있습니다. 이것이 흰가루병의 피해입니다.

잎 이외에 꽃과 꽃봉오리, 새줄기 등 식물의 비교적 어린 조직에 잘 생기는 병입니다. 처음에는 하얀 가루가 반점처럼 붙어 있듯이 보이다가 전체가 하얗게 되고, 점차 범위가 넓어집니다.

흰가루병에 걸리면 잎이 뒤틀리거나 퇴색됩니다. 또한 피해 부분이 넓어지면 잎이 떨어지는 일도 있습니다.

금어초와 맨드라미·코스모스·앵초·스위트피·마리골드 등 대부분의 화초에 발생하는 대표적인 병 중의 하나입니다. 봄부터 가을에 걸쳐, 장마와 한여름을 제외한 대부분의 시기에 발생합니다. 특히 봄과 가을에 많이 발생합니다.

원인은 곰팡이류(사상균)로, 홀씨가 식물에 붙으면 그곳에서 팡이실이 자라 식물에게 피해를 줍니다.

팡이실은 하얀 가루처럼 보이는데 처음에는 하얀 반점 같은 모양이고, 점점 범위가 넓어지면 하얀 가루를 바른 것처럼 됩니다.

잎의 뒷면에도 잘 뿌려준다

전착제를 섞으면 효과적인 약도 있다

SOS

관리법 흰가루병은 곰팡이류 때문에 생기며 홀씨에 의해 전염됩니다. 화초에 많이 생기는 병의 하나로, 발생하면 되도록 빨리 치료하는 것이 중요합니다.

흰가루병의 전문약인 지오판 수화제 등을 뿌리면 효과적입니다.

그밖에 박테리아(세균)나 바이러스 등에 의해 전염되는 병도 있습니다. 널리 효과가 있는 지오판이나 베노밀 등을 이용합니다. 지오판과 베노밀은 봄·가을 등 발생률이 높은 시기에 뿌리면 예방효과도 얻을 수 있습니다.

뿌릴 액을 만드는 기본 방법

[한 종류의 수화제]

개듯이 젓는다 → 잘 섞는다

약간의 물
수화제
규정량의 물을 넣는다

[유제·액제]

잘 섞는다

먼저 규정량의 물을 넣은 후 규정량의 약(유제·액제)을 넣는다
사용할 양만큼만 그때그때 만든다

[수화제·수화제]

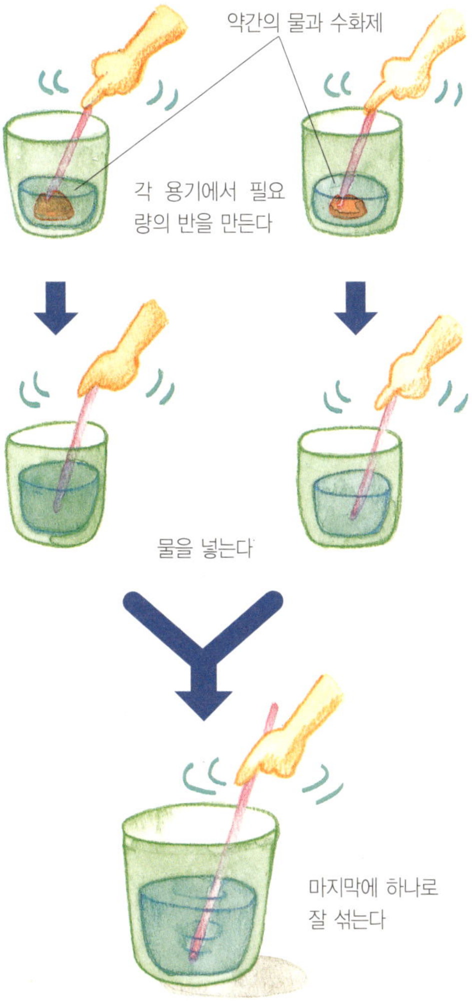

약간의 물과 수화제
각 용기에서 필요량의 반을 만든다

물을 넣는다

마지막에 하나로 잘 섞는다

[수화제·유제]

약간의 물과 수화제 → 물을 넣는다 → 유제를 넣고 잘 섞는다

농약을 사용할 때의 주의점

피해에 맞는 약을 사용한다

필요한 양만 알맞은 배율로 희석해서 만든다

에어졸 종류는 30㎝ 이상 떨어져서 사용한다

도구들은 사용 후에 잘 씻어둔다

만든 약은 보관하지 않는다

약이 몸에 닿지 않도록 안전장비를 갖추고 사용한다

바람이 불지 않는 날의 아침이나 저녁에 작업한다

병해충이 생기지 않는 환경 만들기

꽃봉오리와 꽃에 생기는 병해충

정성들여 길렀는데 꽃봉오리가 맺히고 꽃이 피기 시작할 때 병해충이 생기는 경우가 있습니다. 병해충이 발생하면 언제나 그렇지만, 특히 꽃이 막 피기 시작할 무렵에 병해충이 발생하면 더욱 안타깝습니다. 이럴 때 어떻게 하면 좋을지 그 대처법과 예방법을 알아봅니다.

1 꽃봉오리와 꽃에 잘 생기는 해충

꽃잎을 해충이 먹어버렸나요?

꽃잎을 보면 구멍이 뚫린 것 같은, 해충이 먹은 흔적을 발견할 때가 있습니다. 잘 살펴보아 주위에 투명하게 빛나는 줄모양이 있으면 달팽이·민달팽이가 지나간 흔적으로, 이들이 꽃잎을 갉아먹어서 생긴 피해입니다.

전문가 advice

관리법 달팽이·민달팽이는 저녁부터 밤, 새벽에 걸쳐 활동하기 때문에 발견하기가 쉽지 않습니다. 그러므로 찾아서 잡는 것보다 저녁때에 달팽이 구충제 등을 뿌려두거나 유인해서 구제하는 것이 좋습니다. 또 피해가 생긴 꽃은 바로 제거하는 것이 중요합니다. 피해를 입은 꽃은 보기에도 안 좋을 뿐만 아니라 병원균의 침입을 받기 쉽기 때문입니다.

[민달팽이나 달팽이 퇴치 방법]

저녁에 약을 뿌려서 유인하여 잡는다

[다른 해충의 퇴치방법]

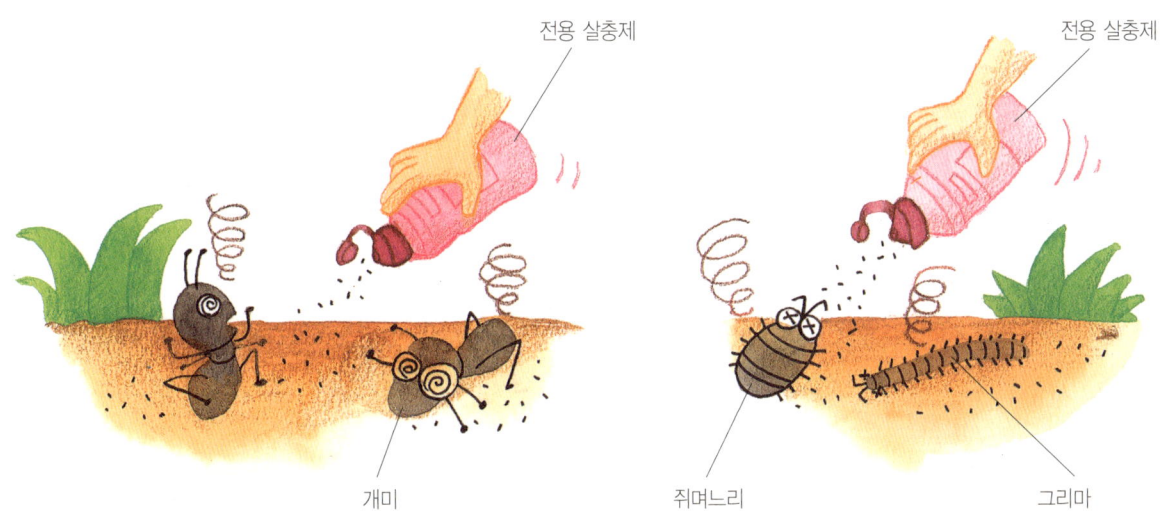

알고있나요?

꽃이나 잎에 잘 생기는 해충

진딧물
식물의 즙을 빨아먹으며, 그을음병의 원인이 되거나 바이러스를 옮긴다.

민달팽이
밤에 식물의 싹을 모두 먹어버리는 대식가이다. 화분 속 등에 숨어 있으므로 잡아 죽인다

잎응애
잎에 작은 반점이 많이 생기고 색이 나빠지면 잎응애를 의심한다. 작아서 눈에 잘 안 띈다.

박가시나방의 유충
나방이나 나비의 유충으로 식물의 잎을 마구 먹어치운다. 발견하면 잡아 죽인다.

꽃봉오리와 꽃에 잘 생기는 해충

꽃봉오리 속에 벌레가 있나요?

전문가 advice

꽃봉오리에 구멍이 뚫려 있고 속을 해충이 갉아먹었다면, 그 꽃봉오리는 꽃이 피지 않습니다. 또 꽃이 피지 않은 꽃봉오리를 잘 관찰하면 그 속과 주위에 박가시나방 유충 모양의 벌레가 있을 수 있습니다. 이것들은 모두 나방의 유충 피해입니다.

예를 들어 담배나방의 유충은 몸길이 3㎝ 정도이고, 1년에 3회 발생합니다. 특히 8~9월에 피해가 많습니다.

SOS

 관리법

나방의 유충 구제에 효과가 있는 약으로는 나비나 나방의 유충 구제에 효과적인 메프 유제가 있으며, 그밖에 아세페이트 등도 이용할 수 있습니다.

[해충 피해를 입었을 때의 처리 방법]

벌레를 발견하면 제거한다
작업용 장갑을 낀다
나무젓가락 등

자른다!

피해를 입은 꽃이나 꽃봉오리는 따서 태운다

감염을 막기 위하여 다른 포기에 약을 뿌린다

100 화초류

2. 꽃봉오리가 피지 않는다

꽃에 다른 색의 반점이 있나요?

전문가 advice

SOS

어딘지 모르게 생기가 없어 보이고 포기 전체가 위축된 듯한 때가 있습니다. 그대로 두면 포기가 말라버리고, 증상이 점차 다른 포기로 옮겨집니다.

이 때 꽃을 보면 꽃의 색이 엷어지고 본래와 다른 색의 반점을 띠고 있기도 합니다. 또 잎을 보면 황색 모자이크 모양이 있을 때도 있습니다.

이런 증상들은 모자이크병 때문으로 바이러스에 감염되어 생깁니다. 1년초와 숙근초·구근초 등 대부분의 화초류에 생기는 병으로 생육기간 내내 발생합니다.

관리법 모자이크병은 치료약이 없습니다. 유일한 대처법이 이러한 증상을 발견하는 대로 병에 걸린 포기를 뽑아서 태워 없애는 것입니다.

모자이크병은 바이러스에 감염되어 생기는 병으로 진딧물이 바이러스를 옮깁니다. 바이러스는 병원체의 한 종류로 1/50,000~1/3,000㎜ 크기입니다.

진딧물이 생기지 않도록 하고, 생기면 말라티온 등을 뿌려서 빨리 구제하는 것이 모자이크병을 예방하는 좋은 방법입니다.

또 원예도구, 특히 가위가 전염원이 되는 일이 있습니다. 바이러스에 감염된 포기를 다듬거나 순지르기한 경우에, 사용한 가위를 잘 씻지 않고 다른 포기를 자르면 감염이 됩니다. 원예도구를 사용한 후에 잘 씻어서 깨끗하게 보관하는 것도 바로 이런 이유 때문입니다.

어쨌든 모자이크병이 발생하면 되도록 빨리 병이 생긴 포기를 제거하는 것이 중요합니다. 따라서 평상시 관리할 때에 증상이 나타났는지 잘 살펴보아 빨리 발견하도록 합니다.

보통 화초의 병을 예방하기 위해서는 재배환경이 고온다습하지 않도록 합니다. 그러기 위해서는 물이 잘 빠지는 상토를 이용하고, 알맞은 간격으로 옮겨심기하며, 통풍이 잘되게 하는 것 등이 필요합니다.

꽃잎에 얼룩이 생겼나요?

전문가 advice

화초에 물을 줄 때에는 꽃에 물을 뿌리지 않는 것이 중요합니다. 종류에 따라서는 꽃잎에 얼룩이 생기는 것도 있습니다.

그러나 꽃에 물을 주지 않았는데도 꽃잎에 얼룩이 생길 때가 있습니다. 꽃에 싱싱함이 없어지고 오그라들어 말라버리는데, 자세히 보면 잿빛 곰팡이 같은 것이 있습니다. 이런 증상이 나타나면 잿빛의 곰팡이병에 걸린 것입니다. 꽃봉오리일 때 이 병에 걸리면 꽃이 피지 않고 그대로 썩어버립니다.

그밖에 잎 등 여러 부분에 발생합니다.

1년초와 숙근초·구근초 등 대부분의 식물에 걸리는 병입니다. 봄부터 가을에 걸쳐 발생하는데, 특히 장마철에 많습니다. 기온이 그다지 높지 않고 습도가 높은 날이 계속될 때 주의해야 합니다. 한여름에는 발생률이 낮습니다.

SOS

관리법 잿빛곰팡이병에는 이프로 수화제가 특효약입니다. 이외에도 베노밀과 만코지·지오판·캡탄 수화제 등을 사용합니다.

잿빛곰팡이병을 막기 위해서는 습기가 지나치게 많지 않도록 하는 것이 중요합니다. 그러므로 옮겨 심을 때에 빽빽하지 않도록 포기간격을 알맞게 심습니다.

잿빛곰팡이병의 병원균 중에는 베노밀이 효과가 없는 종류도 있습니다. 효과가 없을 때에는 다른 약으로 바꿔 사용합니다.

또한 통풍이 잘되고 햇빛도 충분히 받을 수 있게 합니다. 옮겨 심을 때 주는 밑거름으로 질소가 너무 많지 않은 것을 사용하는 것도 중요합니다. 물을 줄 때에는 절대로 높은 곳에서 물을 뿌려 꽃에 물이 닿는 일이 없도록 합니다. 물뿌리개의 물구멍을 포기 밑동에 가깝게 대고 흙 위에 흘러 들어가도록 물을 줍니다.

용기에서 재배하는 경우에는 비가 많이 오는 시기에 비를 맞지 않는 장소로 용기를 옮기는 것이 좋습니다.

잿빛곰팡이병을 막는 포인트

줄기와 뿌리에 생기는 병해충

관리를 적절하게 잘하고 잎과 꽃에 병해충이 발생하지 않았는데도 불구하고 화초가 생육하지 않거나, 심할 경우에는 갑자기 말라버릴 때가 있습니다. 원인은 줄기나 뿌리에 피해를 주는 병해충일 가능성이 높습니다.

1 포기 전체가 말라버린다

변색되지 않았는데 말라 버렸나요?

전문가 advice

　식물이 시들 때에는 일반적으로 잎과 줄기가 황색 또는 갈색으로 변색되어 말라갑니다. 그러나 변색되지 않았는데도 불구하고 잎이 시드는 경우가 있습니다. 일시적으로 오전 중에 회복되는 것처럼 보이지만, 곧 다시 쓰러집니다.
　이런 증상이 나타나는 병으로 풋마름병이 있습니다. 원인은 흙 속에 있는 박테리아로, 식물에 들어가 줄기에서 번식하여 식물이 시들게 합니다. 봄부터 가을에 잘 발생하는 병으로 특히 여름에 많습니다. 1년초·숙근초 등의 많은 화초에 발생합니다.

SOS

관리법 풋마름병에 걸리면 효과적인 치료방법이 없습니다. 피해가 커지지 않도록 병든 포기를 뽑아서 없앱니다.
또 화단 등의 흙에 심은 경우에는 토양을 소독해야 합니다. 용기재배에서는 사용했던 흙을 다시 이용하지 않는 것이 좋습니다. 풋마름병은 예방이 제일입니다. 이어짓기장해의 하나로 풋마름병이 생기기도 하므로 우선 이어짓기를 피합니다. 이어짓기는 같은 장소에 몇 번씩 같은 종류의 화초를 심는 것을 말합니다.
화분 등에 옮겨심기할 때에는 깨끗한 흙을 이용하는 것이 중요합니다. 특히, 포기 밑동의 땅과 만나는 부분을 잘 관리해야 합니다.

[토양 소독 방법]

모종이
말라버리지
않았나요?

전문가 advice

SOS

씨앗을 뿌려서 화초를 기르는데 갑자기 작은 모종의 줄기가 검게 되어 점차 말라버릴 때가 있습니다. 잘 살펴보면 검게 된 것은 땅과 만나는 부분의 줄기로 그곳에서부터 병들어 있습니다.

잘록병이라는 병 때문입니다. 잘록병은 흙 속에 사는 병원균이 원인으로 봄부터 가을에 걸쳐 발생하기 쉬운데, 특히 여름에 잘 발생합니다.

주로 과꽃과 금어초·스톡(비단향꽃무)·팬지 등 가을에 씨를 뿌리는 1년초가 잘 걸리는 병입니다. 그 중에서도 팬지는 가을이라고 해도 거의 여름의 끝 무렵에 씨앗을 뿌리기 때문에 매우 잘 걸립니다.

관리법 발생 초기에 타로닐과 캡탄 수화제를 뿌리면 피해가 커지는 것을 어느 정도 막을 수 있습니다.
잘록병은 흙 속의 병원균이 원인입니다. 그러므로 씨앗을 뿌릴 때에 깨끗한 상토를 이용하는 것이 가장 좋은 예방법입니다. 또는 씨앗에 캡탄 수화제를 바르고 나서 뿌립니다.

2 줄기에 생기는 병

줄기가
변색되고
물렀나요?

전문가 advice

SOS

포기에 생기가 없어졌을 때 줄기를 보면, 부분적으로 갈색으로 변하여 물러져 있는 경우가 있습니다. 이것이 균핵병의 증상입니다. 머지않아 하얀 곰팡이 같은 것이 나타나고 검은 균씨가 생깁니다.

4~10월, 기온이 높을 때에 잘 나타나는 병입니다. 1년초와 숙근초·구근초 등 많은 화초에 발생합니다.

관리법 베노밀 또는 이프로 수화제, 지오판 수화제 등을 뿌립니다.
균핵병의 예방법으로, 땅에 심는 경우에는 토양 소독을 하고, 용기재배인 경우에는 깨끗한 흙을 사용하는 것이 가장 좋습니다.

― 줄기에 생기는 병

땅 닿은 부분에 흰 실모양이 있나요?

전문가 advice

땅 윗부분이 아주 빠르게 말라갈 때 땅 닿은 부분을 보면, 줄기에 하얀 비단실 같은 것이 붙어 있을 때가 있습니다. 이것이 흰비단병의 증상입니다.

봄부터 가을에 걸쳐 잘 발생하고, 특히 여름에 많이 생깁니다. 또 1년초를 비롯하여 숙근초·구근초 등 많은 식물에 발생합니다.

SOS

관리법 피해부분을 발견하면 이프로 수화제 또는 지오판 수화제 등을 뿌립니다. 피해를 입은 부분뿐만 아니라 그 주위에도 뿌려줍니다.

흰비단병의 예방은 균핵병과 마찬가지로 땅에 심을 때에는 토양소독을 하고, 용기재배에서는 깨끗한 흙을 사용합니다.

3 뿌리에 생기는 병해충

땅 닿은 부분의 뿌리에 혹이 있나요?

전문가 advice

생육이 제대로 안 될 때, 땅 닿은 부분의 뿌리에서 줄기에 걸쳐 혹이 생겨 있는 경우가 있습니다. 이것은 근두암종병(식물의 뿌리에 혹이 생기는 세균성 식물병)의 증상입니다.

혹이 조금씩 커지며, 그에 따라 생육이 점차 나빠집니다. 또 포기가 약하기 때문에 다른 병에도 걸리기 쉽습니다. 국화·달리아 등의 많은 화초에 생기는 병입니다.

SOS

관리법 토양 속의 박테리아가 원인입니다. 그 때문에 효과적인 약이 없습니다. 또 흙에 의해 전염되기 때문에, 피해를 발견하면 피해 포기를 뽑아내서 반드시 태워 없애야 합니다. 심어져 있던 곳의 주변 흙도 파서 처리하지 않으면 다른 포기에도 전염됩니다.

용기재배인 경우에는 깨끗한 흙을 사용하고, 또 원예도구를 항상 깨끗하게 합니다.

---- 뿌리에 생기는 병해충

뿌리가 썩지 않았나요?

전문가 advice

생육이 잘 안 될 때 뿌리를 보면 뿌리가 썩어버린 경우가 있습니다. 증상이 더 심해지면 땅 윗부분이 쑥 빠져버립니다. 이렇게 뿌리가 썩는 것은 관리의 문제인 경우도 있지만 뿌리썩이선충의 피해인 경우도 있습니다.

뿌리썩이선충도 뿌리혹선충과 같이 몸길이가 1mm도 안 되는 선충류로, 뿌리에 기생하며 뿌리를 썩게 합니다. 봄부터 가을에 걸쳐 많이 발생하고, 1년초와 숙근초 등 많은 식물에 피해를 줍니다.

SOS

관리법 뿌리썩이선충을 구제하려면 선충 전용 살충제로 판매되는 카보 입제 등을 사용합니다. 또한 선충이 있는 포기를 뿌리째 뽑아서 태워 없애는데, 태울 때에는 주위에 타는 물건이 없는 곳에서 화재에 충분히 주의하여 태웁니다.

[선충류의 예방법]

물이 잘 빠지는 흙 만들기

약으로 예방

마리골드 이용

전해에 마리골드를 심는다

선충이 살지 않는 흙이 된다

108 화초류

뿌리에 혹이 많이 생겼나요?

전문가 advice

화초가 생각대로 크지 않을 때 포기 밑을 파서 뿌리를 보면, 크고 작은 혹이 많이 붙어 있을 때가 있습니다. 이것은 뿌리혹선충의 피해 증상입니다.

흙 속에 사는 뿌리혹선충이 뿌리에 기생하여, 그 자극으로 뿌리에 혹이 생기는 것입니다. 식물의 생육을 방해하고 다른 병의 원인이 되기도 합니다. 1년초를 비롯해 숙근초 등 대부분의 화초에 발생합니다. 봄부터 가을에 걸쳐 많이 발생하는데, 숙근초는 1년 내내 발생할 수 있습니다.

SOS

관리법 뿌리혹선충은 몸길이가 1mm도 안 되는 것으로 동식물에 기생하는 것이 많습니다. 카보 입제 등 선충 전용 살충제를 이용하여 구제합니다.

또 피해가 심할 때 마리골드를 심으면 선충류를 줄이는 효과가 있습니다. 이것은 마리골드의 뿌리에서 분비되는 α-타치에닐이 선충 방제에 효과가 있기 때문입니다.

포기가 기울어져 있나요?

전문가 advice

땅 닿은 부분에 갉아먹은 흔적이 있고, 포기가 기울어져 있는 경우가 있습니다. 이것은 거세미나방 유충의 피해 증상입니다. 거세미나방의 유충은 박가시나방의 유충과 같은 모양으로 몸길이가 수cm입니다. 흙 속에 살며 밤에 줄기 밑동을 먹습니다. 보통 봄과 가을에 2회 발생합니다. 1년초와 숙근초·구근초 등 여러 식물에 피해를 줍니다.

SOS

관리법 피해 포기의 주위를 파서 거세미나방의 유충을 발견하는 대로 제거합니다. 효과가 있는 약으로는 다수진 입제 등이 있습니다. 이 약은 거세미나방의 유충처럼 흙 속에 살며 뿌리를 먹어 피해를 주는 풍뎅이 유충에도 효과가 있습니다.

한편 피해 포기는 뽑아서 없애야 하므로, 빈 장소에 대신 심을 예비 모종을 만들어둡니다.

숙근초가 잘 자라지 않는다

숙근초에 생기는 기본적인 문제들은 1년초와 같습니다. 관리를 잘못해서 생기는 문제와 병해충에 대해서는 앞부분을 참고하면 됩니다. 여기서는 숙근초 특유의 문제에 대하여 살펴봅니다.

1 여러 해가 지나 생육이 나빠졌다

용기 크기가 알맞나요?

전문가 advice

숙근초를 용기에서 재배할 때, 포기나눔해야 할 정도로 포기가 너무 크지는 않지만 포기의 크기에 비해 화분이 작고 비좁은 경우가 있습니다.

화초를 용기에서 재배할 경우에 사용하는 용기가 포기 크기에 맞지 않으면 안 됩니다. 포기에 비해 용기가 너무 작으면 뿌리가 가득 찹니다.

SOS

관리법 특히 용기가 너무 작을 때에는 한 단계 큰 것에 옮겨 심어야 합니다.

이 때 용기는 반드시 한 단계만 큰 것을 사용하는 것이 중요합니다. 작은 포기를 너무 큰 용기에 옮겨 심으면 뿌리가 용기 주위에 찰싹 달라붙어 자랍니다. 따라서 중심부분에는 뿌리가 뻗어 있지 않습니다. 갑자기 너무 큰 용기에 옮겨 심지 말고 귀찮더라도 한 단계씩 큰 용기로 바꾸어 심도록 합니다.

또한 용기에서 포기를 뽑아낼 때 오래된 뿌리와 손상된 뿌리는 제거합니다. 제거할 부분이 많은 경우에는 옮겨 심을 때 땅 윗부분도 같은 정도로 잘라주어 뿌리와 균형을 이룹니다.

예를 들어 뿌리를 1/3 잘라내면, 땅 윗부분도 전체의 1/3을 잘라냅니다. 이것은 뿌리가 땅 윗부분에서 필요한 만큼의 양분과 수분을 흡수할 수 있도록 하기 위해서입니다.

땅 윗부분이 자라려면 그 만큼의 양분과 수분이 필요한데, 뿌리가 적으면 충분한 양의 양분과 수분을 흡수하지 못하기 때문입니다.

[분갈이(옮겨심기) 방법]

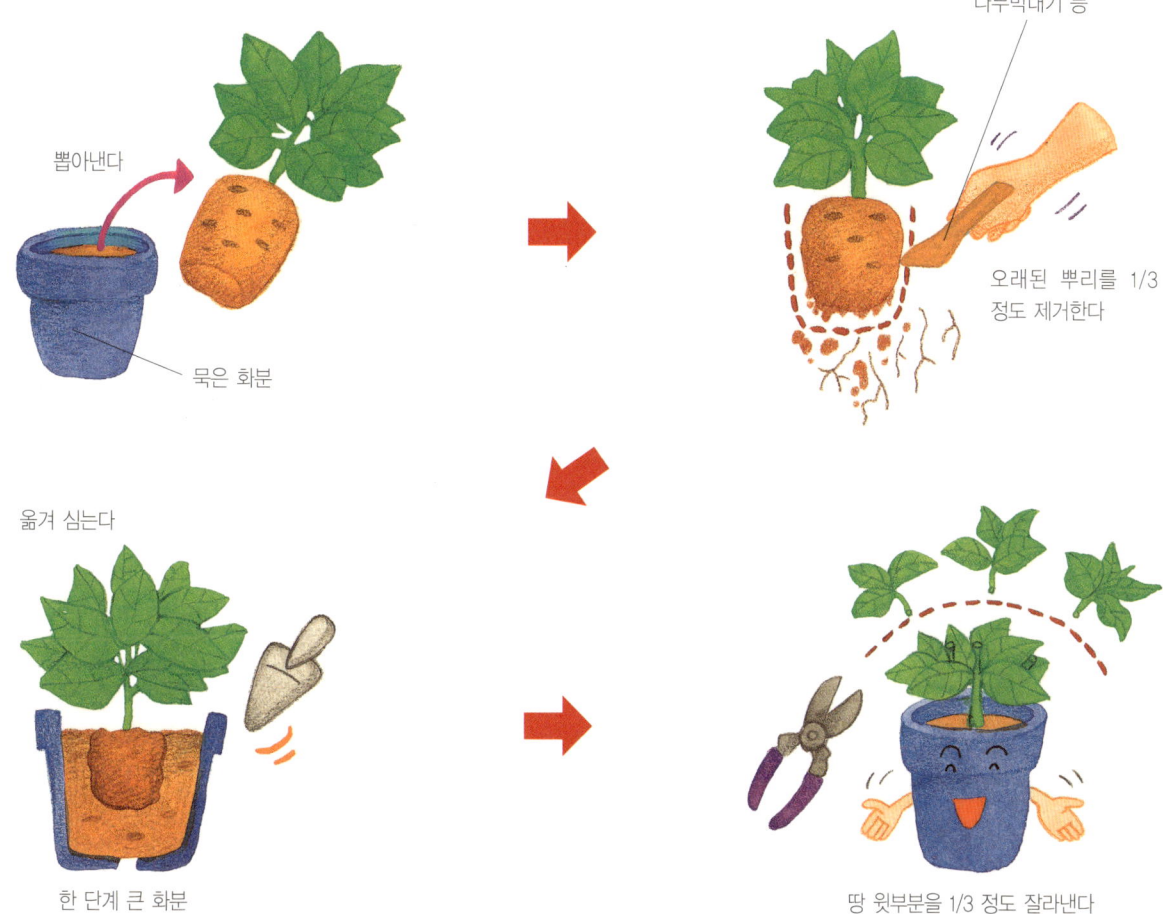

포기가 너무 크게 자라지 않았나요?

전문가 advice

숙근초의 매력은 여러 가지가 있지만, 매년 씨앗을 뿌릴 필요 없이 하나의 화초를 손쉽게 오랫동안 즐길 수 있다는 것이 가장 큰 매력입니다. 또 건강해서 잘 늘어나는 것도 매력 중의 하나입니다. 그런데 이런 숙근초의 장점 때문에 방심하여 관리를 소홀히 하는 경우가 있습니다. 언제나 관리에 충분한 주의가 필요합니다.

알맞은 때에 숙근초를 옮겨 심으면 성장하여 꽃을 피우고 시듭니다. 그러나 땅 윗부분이 말라도 땅 속에 뿌리는 남아 있습니다(땅 윗부분이 시들지 않는 숙근초도 있습니다). 그리고 다음해가 되면 또 새싹이 나와서 성장합니다. 이런 주기가 반복되면서 포기가 점점 커지는데, 너무 커지면 생육이 나빠집니다.

땅 속에서는 뿌리가 무성해져 빽빽한 상태가 되고, 땅 윗부분도 잎과 줄기가 우거져서 통풍이 나빠집니다. 그 결과 생육장해가 일어나는 것입니다.

따라서 생육장해가 생기지 않도록 일정한 주기로 바꿔심기나 포기나눔을 해야 합니다. 특히 국화류는 생육이 매우 왕성하기 때문에 매년 포기나눔이나 바꿔심기를 합니다. 다른 화초도 3~5년 주기로 바꿔심기나 포기나눔을 합니다.

SOS

관리법 포기가 너무 커져서 생육이 나빠지면 바꿔심기나 포기나눔을 하는데, 화초의 휴면기에 하는 것이 좋습니다. 가을에 꽃이 피는 화초는 봄, 봄에 꽃이 피는 화초는 가을이 좋습니다.

포기나눔할 때에는 화초의 종류에 따라 각기 다른 방법으로 포기나눔합니다. 또 포기나눔한 후에는 가능하면 다른 장소에 옮겨 심어야 생육이 좋은데, 옮겨심기할 때 밑거름을 충분히 줍니다. 또 용기에서 재배하는 경우에는 새 흙에 옮겨 심습니다.

[숙근초의 생육주기]

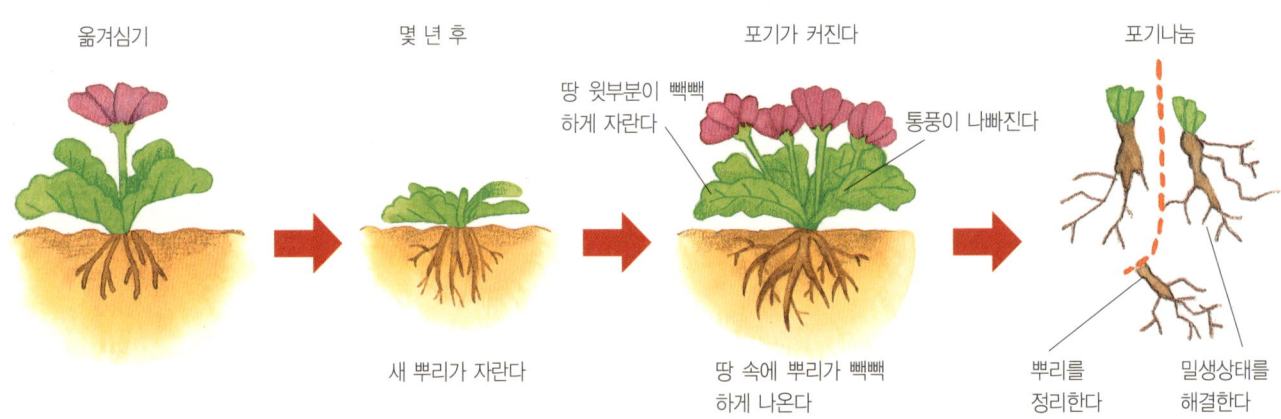

포기 나누는 방법 ①

포기 나누는 방법 ②

프리뮬러

포기를 뽑아낸다 → 흙을 떨어내고 나눈다 / 3~5개의 작은 포기로 나눈다 → 나눈 것을 각각 심는다

제비꽃

파낸다 → 새 뿌리줄기를 1포기씩 나눈다 → 누이듯이 옮겨 심는다

독일은방울꽃

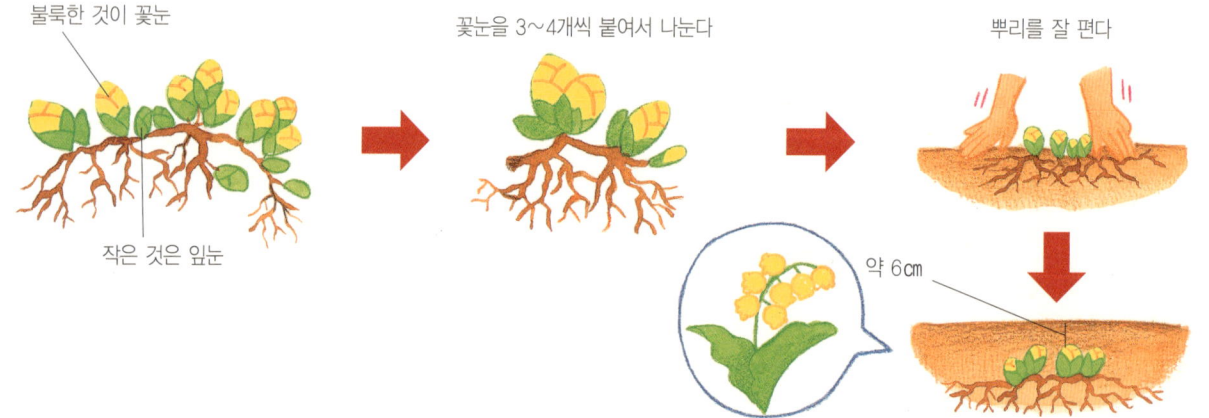

불룩한 것이 꽃눈 / 작은 것은 잎눈 → 꽃눈을 3~4개씩 붙여서 나눈다 → 뿌리를 잘 편다 / 약 6cm

가을에 비료를 알맞게 주었나요?

해가 지나면서 숙근초의 생육이 나빠지는 원인으로, 포기가 너무 크게 자란 것 이외에 가을철 관리가 제대로 안 된 경우가 있습니다.

1년초와 달리 숙근초는 그해에 자라던 포기에서 다음해에 새 눈이 나와 자라는 것으로, 생육을 위해 당연히 양분이 필요합니다. 즉, 가을에 알맞은 양의 비료를 주지 않으면 다음해에 기운이 다하여 새 눈도 나오기 힘들어집니다.

SOS

[관리법] 초가을에 다음해의 생육을 위하여 반드시 비료를 줍니다. 봄에 건강한 새 눈이 나오게 하려면 뿌리의 생육을 촉진할 필요가 있습니다.

그래서 필요한 것이 3대 영양소 중 뿌리를 잘 자라게 하는 칼륨입니다. 또 효과가 오래 지속되는 것이 좋으므로 완효성 화학비료를 사용합니다. 화단 등의 땅에 심을 경우에는 효과가 천천히 나타나는 유기질비료를 사용해도 좋습니다.

[좋은 모종과 나쁜 모종]

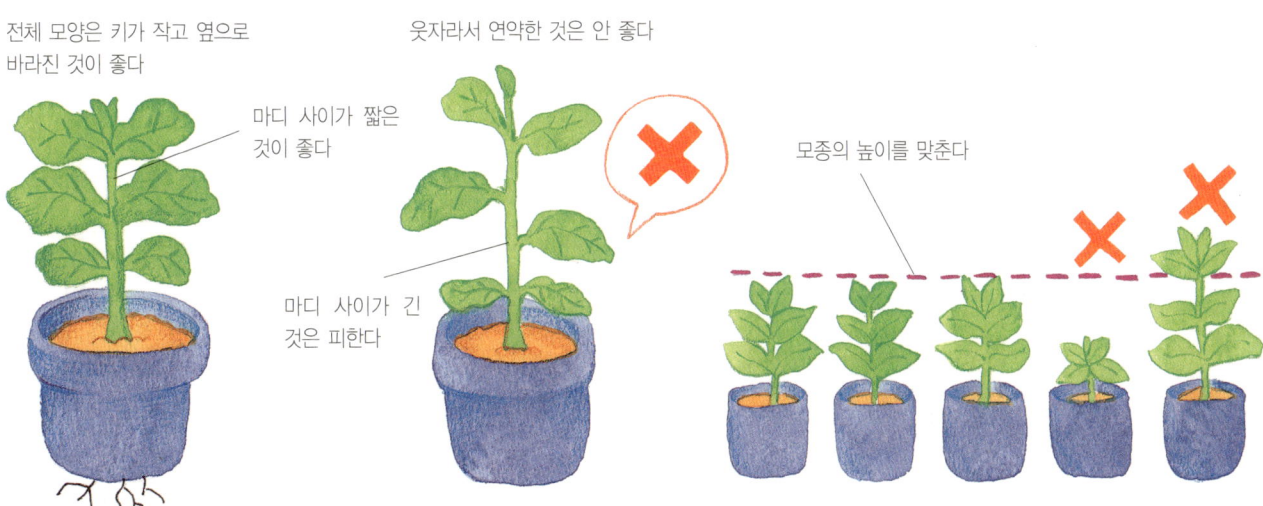

2 꺾꽂이를 했는데 자라지 않는다

꺾꽂이순이 마르지 않았나요?

전문가 advice

SOS

숙근초를 기르는 즐거움의 하나는 꺾꽂이하여 포기 수를 늘리는 것입니다. 숙근초는 튼튼하기 때문에 줄기를 잘라서 흙에 꽂기만 해도 뿌리가 나와 새로운 포기로 자랍니다.

그러나 애써서 꺾꽂이하였는데 꺾꽂이순이 말라버릴 때가 있습니다.

그 원인으로 우선 꺾꽂이한 것 자체가 좋지 않았을 수 있습니다. 또 꺾꽂이순이 제대로 만들어지지 않은 것 등도 원인이 될 수 있으며, 꺾꽂이 후의 관리 문제일 수도 있습니다.

관리법 꺾꽂이한 꺾꽂이순이 마르면 다시 손질할 필요가 없습니다. 올바른 방법으로 꺾꽂이를 다시 하는 것이 더 효율적입니다.

꺾꽂이는 무엇보다 좋은 꺾꽂이순을 얻는 것이 중요합니다. 전혀 뿌리가 없는 곳에서 뿌리가 나오게 하는 것이기 때문에 조금이라도 힘 있는 꺾꽂이순이 필요합니다.

좋은 꺾꽂이순의 조건은, 햇빛이 잘 드는 곳에 있는 새 줄기를 자른 것이어야 합니다.

다음으로 꺾꽂이순의 자른 부분에 흠이 있으면 뿌리를 내리기 힘듭니다. 포기에서 잘라낸 후에 다시 잘 드는 칼 등으로 자른 부분을 흠이 없이 잘라줍니다. 자른 부분은 경사지거나 편평하거나 상관없습니다.

꺾꽂이를 하는 흙도 중요한데, 오래된 흙이나 정원의 흙은 종종 병원균이나 해충이 숨어 있으므로 절대로 사용하지 않는 것이 좋습니다. 적옥토(작은 알갱이)와 펄라이트·버미큘라이트 등이 꺾꽂이모판으로 알맞으며, 깨끗한 새 흙을 사용합니다.

또한 꺾꽂이할 때 꺾꽂이순을 흙에 그냥 꽂으면 자른 부분에 상처가 날 수 있습니다. 나무젓가락 등으로 구멍을 파서 꽂아 넣고 주위에 흙을 살짝 덮어줍니다.

꺾꽂이 후에는 반그늘에 둡니다. 또 물이 부족하지 않도록 하는데, 지나치게 습기가 많은 것은 금물입니다. 비료는 새 눈이 나오면 물을 줄 때에 규정 배율보다 엷게 희석한 액체비료를 줍니다.

뿌리가 나오기까지 1~2개월은 걸립니다. 그 사이에 뿌리가 내렸는지 확인하려고 꺾꽂이순을 뽑아보지 않도록 합니다. 뿌리를 내리면 땅 위쪽의 눈에 변화가 생기므로 그것으로 뿌리내림을 확인합니다.

[꺾꽂이 방법]

예리한 칼로 잘라서 꺾꽂이순을 만든다

1시간 정도 물을 잘 흡수시킨다

수직으로 꽂는다

뿌리가 나온다

싹이 움직인다

알고있나요?

무성번식

식물의 수를 늘리는 방법으로는 씨앗을 뿌리는 유성번식과 꺾꽂이·접목·휘묻이 등으로 늘리는 무성번식이 있다.

꺾꽂이
손쉽게 같은 식물의 모종을 만들 수 있으므로 모종을 많이 만들고 싶은 경우에 알맞다. 단, 낙엽성 철쭉이나 벚꽃류·단풍나무 등처럼 거의 뿌리를 내리지 않는 것도 있다.

접목
뿌리가 건강한 바탕나무를 이용하기 때문에 꺾꽂이보다 튼튼한 모종을 만들 수 있다. 또한 꺾꽂이로 늘릴 수 없는 식물도 늘릴 수 있다.

휘묻이
뿌리내림을 확인한 후에 잘라내므로 실패가 적고 확실한 방법이다. 성장한 나무의 가지를 휘묻이하기 때문에 처음부터 굵고 모양이 좋은 것을 얻을 수도 있다. 분재 등 나무의 모양을 우선하거나 나무모양을 빨리 완성하고 싶은 경우에 좋다.

화초류

구근초가 잘 자라지 않는다

구근초에 생기는 문제는 1년초와 숙근초에 발생하는 것과 거의 같습니다. 관리상의 문제와 병해충에 대해서는 앞부분의 내용들을 참고하고, 여기서는 구근식물 특유의 문제에 대하여 살펴봅니다.

1 병충해가 없는데 자라지 않는다

알맞은 깊이에 옮겨심기 했나요?

병충해가 없는데 구근식물이 자라지 않는 원인으로, 알뿌리를 옮겨심기할 때 잘못된 깊이에 심은 경우가 많습니다. 알뿌리를 깊이 심으면 토양 산소 공급이 부족하여 호흡 곤란이 되므로 생장이 나빠집니다.

알뿌리가 다치지 않도록 하는 것도 중요합니다.

전문가 advice

관리법 일반적으로 알뿌리를 땅에 옮겨 심을 경우, 알뿌리 2개 정도 되는 깊이에 심는 것이 원칙입니다. 또 간격도 알뿌리 2개 정도의 폭으로 벌려 심습니다.

단, 백합은 예외입니다. 백합은 알뿌리의 위아래로 뿌리를 뻗고 포기도 크게 자라기 때문에 알뿌리 4개 정도 되는 깊이에, 알뿌리 4개 정도의 간격으로 심습니다.

땅에 심을 때와 달리 용기에서 구근초를 재배할 때에는, 뿌리가 충분히 자랄 수 있는 공간을 확보하기 위하여 알뿌리의 끝이 감춰질 정도의 깊이로 얕게 심습니다.

봄에 심은 알뿌리에 밑거름을 주었나요?

전문가 advice

구근초는 성장하고 꽃을 피우기 위한 양분이 알뿌리 속에 저장되어 있습니다. 그 때문에 옮겨심기할 때 밑거름이 필요 없다고 생각할 수 있습니다.

그러나 밑거름이 필요 없는 것은 여름이나 가을에 심는 구근초입니다. 봄에 심는 구근초는 밑거름을 주지 않으면 꽃이 피지 않을 수도 있습니다. 또한 웃거름도 필요합니다. 단, 아마릴리스만은 예외입니다.

SOS

관리법 여름이나 가을에 심는 구근초는 알뿌리 속에 이미 꽃눈이 생겨 있습니다. 그 때문에 알뿌리 속의 양분으로 성장하고 꽃이 핍니다. 그러나 봄에 심는 구근초는 옮겨심기한 후에 꽃눈이 만들어지기 때문에 꽃눈을 촉진하는 비료가 필요합니다.

아마릴리스 이외의 봄에 심는 구근초의 알뿌리를 옮겨 심을 때에는, 흙에 알뿌리 1개당 1움큼의 완효성 화학비료를 섞어둡니다. 또 생육 중에는 1주~10일 간격으로 물 대신 액체비료를 웃거름으로 줍니다.

밑거름을 주지 않고 옮겨심기한 경우에 웃거름만큼은 확실히 주어야 합니다.

물주기를 잊지 않고 했나요?

전문가 advice

알뿌리를 옮겨 심은 후에 가장 주의해야 할 것이 건조입니다. 구근초는 모자이크병 등의 바이러스병에 걸리기 쉽고, 특히 건조하면 더 잘 걸립니다.

또한 가을에 심은 알뿌리가 겨울에 말라버리면 꽃눈이 손상되는 경우가 있습니다. 이럴 경우에 봄이 되어도 잎만 자라고 꽃은 전혀 피지 않아서 실망하게 됩니다.

SOS

관리법 알뿌리를 옮겨심기한 후부터 흙 표면이 마르면 물을 흠뻑 줍니다. 특히 꽃이 피기 전후는 수분이 가장 많이 필요한 시기이므로 물주기에 더 신경을 써야 합니다.

한겨울에 얼어버리는 일이 있으나, 알뿌리에는 영향을 주지 않습니다.

알뿌리를 옮겨 심는 방법

2 파낸 알뿌리가 작다

꽃이 진 후의 관리가 적절했나요?

전문가 advice

SOS

구근초를 기르는 즐거움 중의 하나는 꽃이 진 후 알뿌리를 파내어 보관하였다가, 다음에 분구하여 수를 늘려서 옮겨심기하는 것입니다. 그런데 꽃이 진 후에 파보니 알뿌리에 새로운 구가 붙어 있지 않을 뿐만 아니라, 처음의 알뿌리가 오그라든 것처럼 되어 크기가 작다는 문제도 생길 수 있습니다.

이것은 꽃이 진 후의 관리에 문제가 있었기 때문입니다. 구근초는 꽃이 지면 양분이 알뿌리를 크게 하는 과정으로 들어갑니다. 이 때 필요한 것이 충분한 비료입니다.

관리법 알뿌리를 크게 키우기 위해서는 꽃이 진 후의 관리가 중요합니다.

우선, 꽃이 피는 것이 끝나면 바로 비료를 줍니다. 비료의 양은 알뿌리 1개당 완효성 화학비료 1움큼을 기준으로 합니다. 일반 화학비료를 사용할 수도 있지만, 뿌리를 잘 자라게 하는 칼륨 성분이 많은 타입을 사용하는 것이 보다 효과적입니다.

다음으로 주의할 것은 잎을 꽃이 진 후 바로 자르거나 파내지 않고, 적어도 전체의 1/3이 마를 때까지 그대로 둡니다. 그 동안에 잎에서 광합성이 이루어져 양분을 만들어내기 때문입니다. 그 후에 잎이 붙은 채로 알뿌리를 파내는데, 이 때 알뿌리에 상처가 나지 않도록 이식삽을 옆으로 비스듬하게 넣어 넓게 파서 꺼냅니다.

파낸 알뿌리는 흙을 떨어서 그늘에 1주일 정도 말립니다. 이 때까지 아직 잎은 붙은 채로 둡니다. 이렇게 1주일 말리는 동안 잎에 생긴 양분이 알뿌리 쪽으로 전해지고 잎은 완전히 마릅니다. 그러면 잎을 밑동에서 잘라내고, 알뿌리를 다음에 옮겨 심을 때까지 보관합니다. 이 때 새로 생긴 구는 나누지 않고 그대로 두었다가 옮겨심기할 때 나눕니다.

보관할 때에는 망주머니에 넣어서 통풍이 잘되는 곳에 매달아둡니다. 또 구근초를 땅에 심는 경우에는 일반적으로 심고 3~4년 방치하는 것이 좋습니다. 이 때도 꽃이 진 후에 비료를 빠트리지 않고 주는 것이 중요합니다. 또 잎을 모두 마를 때까지 자르지 않는 것도 포인트입니다.

알뿌리에 새로 생긴 알뿌리를 아들구라고 하고, 본래의 알뿌리를 어미구라고 합니다. 다음에 옮겨심기할 때 아들구를 나누어 심으면 새 포기로 자랍니다.

칸나 달리아 등 봄에 심는 알뿌리는 보관할 때 건조하면 상합니다. 비닐 봉투 등에 젖은 버미큘라이트를 넣고 묻어서 보관해야 합니다.

백합의 경우에는 파내지 않고 그대로 둡니다. 용기에서 기르거나 심는 장소를 바꾸고 싶을 때에는 옮겨심기 직전에 파냅니다.

구근초의 꽃이 진 후의 관리 방법

3 구근초에 잘 생기는 병해충

알뿌리에 흰 실모양이 보이나요?

전문가 advice

SOS

구근초의 생육이 좋지 않고 갑자기 마를 때 알뿌리를 살펴보면, 광택이 있는 하얀 실모양이 보이는 경우가 있습니다. 더 나아가 지름 1㎜ 내외의 갈색 입자가 붙어 있기도 합니다.

이것은 흰비단병의 증상입니다. 아이리스와 튤립·히아신스·백합 등 많은 구근초에 발생하며, 특히 여름에 많이 나타나는 병입니다.

관리법 병에 걸린 포기는 되도록 빨리 뽑아내서 태워 없앱니다. 또 이 병은 전염되기 때문에 발생 장소와 그 주위에 이프로 수화제를 뿌려서 피해가 다른 포기에까지 미치는 것을 막아야 합니다.

알뿌리 속에 하얀 응애가 있나요?

전문가 advice

SOS

생육이 좋지 않을 때 알뿌리를 살펴보면 썩어 있고, 속에 1㎜ 정도 크기의 하얀 응애가 보이는 경우가 있습니다. 이것이 구근초 등에 생기는 응애로, 특히 여름에 많이 발생합니다. 응애가 발생하면 생육이 멈추고, 심하면 쇠약해져서 말라죽는 경우도 있습니다.

응애가 생기는 원인은 통풍이 잘 안 되고, 온도가 높기 때문이므로 화단을 높이거나 물빠짐이 좋게 합니다.

관리법 안타깝지만 피해를 입은 알뿌리를 회복시키는 것은 불가능합니다. 다른 포기에도 피해가 생기지 않도록 디메토 유제 1,000배액을 뿌립니다. 옮겨심기 전에 알뿌리를 소독하면 예방이 됩니다. 양동이에 베노밀 등의 살균제 1,000~1,500배 액을 만들어 알뿌리를 담가둡니다.

알뿌리에 곰팡이가 생겼나요?

전문가 advice

SOS

옮겨심기 전에 알뿌리를 보면 표면에 반점 모양으로 곰팡이 같은 것이 생겨 있는 경우가 있습니다. 처음에는 알뿌리에 검거나 암갈색의 작은 점무늬가 생기고, 점점 넓어지면 건강한 부분과의 경계가 갈색이 되어 병든 부분이 움푹 들어갑니다. 곰팡이는 알뿌리가 썩는 원인이 됩니다. 알뿌리를 저장할 때 서늘하고 통풍이 잘되는 곳에 건조하게 보관합니다.

관리법 옮겨심기 전에 이런 증상을 발견하면 옮겨 심지 않도록 합니다.
또 깨끗한 알뿌리도 병의 예방을 위해, 옮겨심기 전이나 보관 전에 베노밀이나 지오판 등의 살균제를 1,000~1,500배로 희석한 액에 담가서 소독합니다. 15~30분 후에 알뿌리를 담가둔 양동이를 수도꼭지 밑에 놓고, 흐르는 물에 약을 충분히 씻어냅니다.
작업 중 약이나 희석액이 피부에 닿지 않도록 주의합니다.

알뿌리가 물러지고 나쁜 냄새가 나나요?

전문가 advice

SOS

알뿌리와 땅 닿은 부분의 줄기가 물러지고, 흑~갈색으로 변색되며 악취가 나는 경우가 있습니다. 이것은 무름병에 걸렸을 때 나타나는 증상입니다. 무름병은 세균성 병으로 봄부터 가을에 나타나는데, 특히 장마철에 많이 발생합니다.

관리법 초기 증상일 때에는 스트렙토마이신 등을 뿌리거나 발병 부분에 발라주면 낫는 경우가 있습니다. 그러나 피해가 클 때에는 병든 포기를 뽑아서 태워 없앱니다. 이 때 주위의 흙도 넓게 파내어 처분하지 않으면 전염성 병이기 때문에 다른 포기에도 옮길 확률이 높습니다.

채소·허브류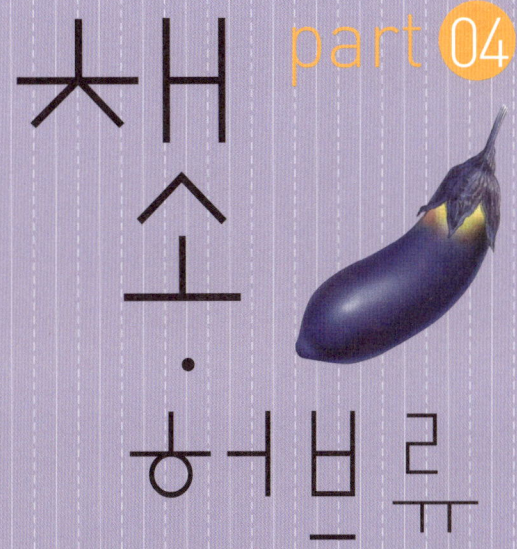

part 04

- 채소가 잘 자라지 않는다
- 허브는 어떻게 관리해야 하나

채소·허브류

채소가 잘 자라지 않는다

가정에서 직접 채소를 재배하면 다른 꽃이나 나무들처럼 관상적·정서적 가치 이외에 직접 수확해서 먹는 실용적 가치도 있습니다.

그러나 씨뿌리기, 물주기, 비료 주기 등 필요한 작업을 제대로 해주지 않고 알맞은 환경을 만들어주지 않으면, 꽃이나 나무들에 비해 생육장해가 심하게 나타나므로 신경 써서 길러야 합니다.

1 열매채소류

열매채소를 씨앗부터 길렀는데 수확이 나쁜가요?

전문가 advice

SOS

관리법 딸기 등을 제외한 대부분의 열매채소류는 높은 온도를 좋아하므로 여름에 재배합니다. 그래서 5월경 충분히 따뜻해지고 발아에 적합한 온도가 되었을 때 씨앗을 뿌려 길렀는데, 기대한 만큼 수확을 거두지 못하는 경우가 있습니다. 아무리 높은 온도를 좋아해도, 한여름에는 기온이 너무 높아서 순조롭게 자라지 못합니다.

씨앗을 뿌려서 기르면 하나의 작물이 오랫동안 밭을 차지하게 된다는 단점이 있습니다.

그러므로 온상에서 모종을 길러 밭의 점유기간을 짧게 하고, 충분히 건강하게 자란 모종을 골라서 생장에 알맞은 기온일 때 밭에서 기르는 것이 좋습니다. 수확이 많아지고 경제적으로도 이익이 됩니다.

오이가 굽고 덩굴이 잘못되었나요?

전문가 advice

SOS

오이를 이어짓기하면 여러 가지의 장해가 일어나기 쉽기 때문에 매년 배양토를 새로 넣는 것이 좋습니다. 그래서 매년 새 배양토로 플랜터에서 길렀는데 처음 2~3포기는 크다가 나중에 굽어버리는 경우가 자주 있습니다. 문제는 플랜터의 크기가 조금 작고 물과 비료가 부족하기 때문이라고 생각합니다.

관리법 오이를 키우는 데는 모종 1포기당 흙을 최저 20ℓ, 가능하면 30ℓ 정도 넣을 수 있는 큰 플랜터가 필요합니다. 화초용 플랜터는 너무 작습니다.
또한 오이는 6월 하순부터 8월까지 생육이 매우 잘되기 때문에 물과 비료가 많이 필요합니다. 부족하면 기운이 없어지므로 물과 비료를 전보다 더 많이 주어야 합니다.

열매가 굽는 원인은 영양 부족, 즉 비료 부족과 꽃가루받이가 불충분하기 때문입니다.
이럴 때는 인위적으로 꽃가루받이해주는 인공수분을 합니다. 암꽃이 피는 날 아침 8~9시에 수꽃을 따서, 꽃가루를 암꽃술 끝에 구석구석 바르듯이 묻혀줍니다. 1포기의 모종으로 모두 30~35개의 오이를 수확할 수 있습니다.

토마토가 굵어지지 않나요?

전문가 advice

SOS

토마토 열매를 크게 기르려면 우선 좋은 꽃을 피우는 것이 중요합니다. 보통 모종을 만드는 동안 3단째까지 꽃눈이 분화되어 자랍니다. 첫 번째 꽃송이의 꽃이 피기 시작하는 건강한 모종을 구하여 상처가 나지 않도록 조심스럽게 옮겨 심습니다.

관리법 옮겨 심은 후에 너무 무성하지 않도록 비료와 물을 신경 써서 주며, 가지고르기가 늦어지지 않도록 합니다. 꽃이 피어서 열매가 자라면, 피어 있는 꽃에 전부 열매가 달리지 않게 열매솎기를 합니다. 꽃송이 하나에 생육이 좋은 열매를 4~5개 남기고 나머지는 따주면 남은 열매가 굵게 잘 자랍니다.

토마토가 잘록병에 걸렸나요?

전문가 advice

토마토나 피망·가지 등의 가지과 작물을 같은 흙으로 여러 해 계속해서 기르면 흙 속에 균이 남아 있기 쉬우므로 잘록병에 걸리는 경우가 자주 있습니다.

SOS

관리법 밭이라면 이어짓기를 피하고, 지금까지 가지과 작물을 기르지 않았던 곳에 심습니다. 화분이라면 흙을 새것으로 바꾸어줍니다.

잘록병 예방으로는 흙을 태우는 방법이 있습니다. 또 흙에 캡탄 수화제를 넣으면 피해가 줄어듭니다. 접나무모를 사용해도 잘록병을 어느 정도 예방할 수 있습니다.

토마토 잎이 전부 누렇게 되었나요?

전문가 advice

밭에 토마토를 심었을 때 잎이 누렇게 되는 경우가 있습니다. 여러 가지 원인이 있을 수 있으므로 정확한 원인을 밝혀서 각 원인에 따라 대처해야 합니다.

SOS

관리법 먼저 생각할 수 있는 원인이 비료 부족입니다. 특히 질소가 부족한 경우에 잎이 누렇게 되므로 우선 질소비료를 줍니다. 원예점에서 팔고 있는 비료에 N(질소), P(인산), K(칼륨)로 표시되어 있으므로 확인해보고 질소 함유량이 많은 비료를 줍니다. 하이포넥스 등 물에 녹여서 사용하는 액체비료는 효과가 빨리 나타나는 속효성 비료입니다.

원인이 병이라면 잘록병을 생각할 수 있습니다. 토마토는 잘록병에 약하고 잎이 누렇게 됩니다. 다른 하나는 바이러스에 감염된 경우로, 잎의 생장점이 황색의 부정형으로 되고 차츰 약해집니다.
이 병들에는 접나무모가 강하므로 접나무모를 심는 것이 좋습니다.

꼬투리완두의 열매가 고르지 않나요?

전문가 advice

꼬투리완두는 어미덩굴, 아들덩굴, 손자덩굴의 순서로, 덩굴이 뒤로 갈수록 꽃달림이 나빠집니다. 가지의 맨 꼭대기에서 4~5마디 아래에 꽃이 핀 것이 균형 잡힌 생육입니다. 꽃이 위쪽에서 피면 생장이 약해진다고 볼 수 있습니다.

SOS

관리법 흙을 준비하는 단계에서 고토석회와 함께 퇴비 등을 많이 넣어주며, 깊이 갈아서 물이 잘 빠지게 하여 뿌리에 활력을 줍니다.

개화기에는 웃거름과 가지고르기로 통풍이 잘 되고 햇빛이 잘 들게 합니다. 그래도 생장이 약하면 두둑 사이에 속효성 비료를 주고, 불량한 꼬투리를 따주어 생장을 유지시킵니다.

또 꼬투리가 2개씩 달리면 앞쪽의 꼬투리는 아무래도 작아지므로 빨리 따줍니다.

텃밭에서 재배하는 가지가 잘 자라지 않나요?

전문가 advice

가정의 텃밭에서 가지를 기를 때, 7월 하순경 열매모양이 나빠지고 끝에 갈색의 종양모양이 생기는 경우가 있습니다. 뿐만 아니라 꽃이 떨어지기도 합니다.

SOS

관리법 영양과 수분 부족이며, 종양모양은 붉은 응애가 발생한 것입니다. 이런 요소들이 상승작용해서 생육이 나빠진 것으로 생각됩니다. 우선 응애 약인 디코폴이나 오사단 등을 뿌립니다.

응애 약은 한번으로는 완전 구제가 어렵기 때문에 3~4일 후에 다시 한번, 계속해서 2회 정도 뿌려야 효과가 나타납니다.

영양 부족에는 즉효성 액체비료를 물 대신 4~5일에 1회 주고, 동시에 주요 성분이 같은 양으로 배합된 화학비료를 포기 주위에 1포기당 30~40g을 뿌립니다.

그리고 마른풀이나 떨어진 잎을 포기 아래에 덮어서 수분이 증발하는 것을 막고, 2일에 1회 정도 물을 듬뿍 주면 10일 정도 후에 몰라보게 건강해집니다.

가지가 마르듯이 누렇게 변하나요?

전문가 advice

가지 끝쪽의 잎을 살펴보아 생육이 나쁘고 잎맥 사이가 누렇게 되면 '석회 결핍증'이라는 영양장해일 수 있습니다. 열매에 나타나는 경우에는 '끝 썩음 증상'이라고도 합니다.

[가지의 석회 결핍증]

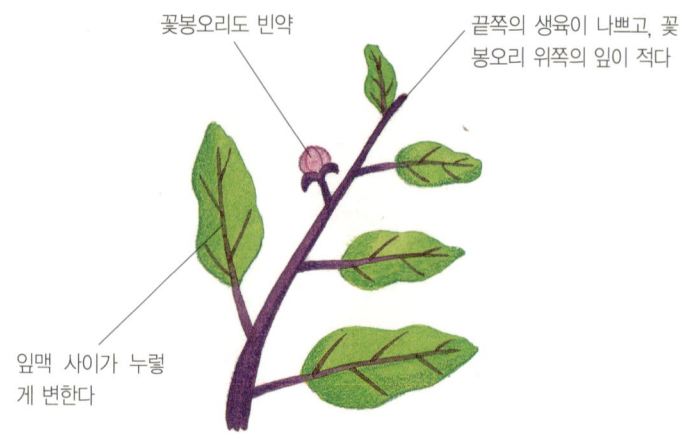

- 꽃봉오리도 빈약
- 끝쪽의 생육이 나쁘고, 꽃봉오리 위쪽의 잎이 적다
- 잎맥 사이가 누렇게 변한다

SOS

관리법 원인은 토양 중에 석회가 부족하기 때문입니다. 또한 질소·칼륨·마그네슘 등이 너무 많아도 석회 결핍증이 생기고, 너무 건조해도 발생합니다.
토양이 오래 건조하거나 기온이 너무 높으면 증산작용이 심해지고, 흡수된 석회 성분이 물과 함께 증산이 심한 부분(아래쪽 잎)으로 이동합니다. 그 때문에 줄기나 열매 끝에서 석회 부족을 일으킵니다.
이럴 경우 염화석회 0.3%액을 잎에 뿌리고, 흙이 건조하지 않도록 물을 줍니다.

컬러피망이 크게 자라지 않고 초록색인가요?

전문가 advice

빨강이나 노랑 등의 색깔 있는 피망은 샐러드를 했을 때 빛깔이 아름답고 단맛이 있어서 인기입니다. 그러나 일반 초록색 피망과 컬러피망에 본질적인 차이는 없고, 단지 초록색 피망은 미숙열매, 컬러피망은 완숙열매를 수확하는 것입니다.
따라서 컬러피망은 재배기간이 길어져서 초록색의 일반 피망에서는 문제가 되지 않던 병해충 등의 문제가 생기기도 합니다.

SOS

관리법 피망이 크게 자라지 않는 첫 번째 원인은 아마 영양 부족일 것입니다. 채소류는 화초류의 3배 또는 4배 정도 많은 비료가 필요합니다. 나중에 웃거름을 주는 것보다 처음부터 흙 전체에 비료를 듬뿍 넣어서, 모종 초기부터 굵고 건강하게 키우는 것이 중요합니다.

무엇보다 처음의 흙 만들기가 포인트입니다. 열매가 너무 많이 달렸을 경우에는 새끼손가락 크기일 때 여분의 것을 잘라주면 나머지들이 크게 자랍니다.

해충은 노린재의 발생에 주의합니다. 발견하면 올트란 수화제를 뿌립니다.

또한, 컬러피망은 노랑의 '소니아 골드', 빨강의 '소니아 레드' 등 품종이 다양한데, 덜 익었을 때는 모두 초록색이고 익으면서 각 품종 고유의 색이 나타납니다. 그러므로 좀더 키워서 익게 되면 여러 가지 색이 나오게 됩니다. 즉, 보통의 초록색 피망은 색이 들기 직전의 것으로, 익으면 초록색 피망은 보이지 않습니다.

열매채소류

고추를 화분에 심었는데 힘이 없나요?

전문가 advice

고추를 화초용 플랜터에 2포기 심었는데, 1포기에 열매가 2~3개 열리고 길이 15㎝ 정도 되어서부터 힘이 없습니다.

SOS

관리법 고추를 작은 화초용 플랜터에 2포기나 심으면 뿌리가 가득 차고, 비료와 물이 부족하여 포기가 노화됩니다. 기운이 없어지는 것은 당연합니다.

10ℓ 정도의 용기에 1포기 비율이 적당합니다. 텃밭에 심는 경우에는 이랑폭 70~80㎝, 포기 간격 50㎝가 적당합니다.

5월중·하순에 옮겨 심었을 경우 6월 하순까지는 그다지 크게 자라지 않지만, 기온이 올라가 한여름이 되면서 빠르게 생장하여 꽃이 피기 시작합니다.

7월 중순 무렵에는 2~3일에 1개, 8월이 되면 거의 매일 1~2개씩 따게 되어 가족 1명당 2포기를 심어두면 충분히 먹을 수 있을 정도입니다.

1포기당 보통 한여름에는 전부 30~40개 수확할 수 있습니다. 고추는 고온이며 햇빛이 잘 들고, 비료를 많이 주며 일찍 수확하는 것이 포인트입니다.

2 잎줄기채소류

브로콜리의 꽃봉오리가 작은가요?

전문가 advice

브로콜리는 양배추 종류로, 꽃양배추같이 비대한 꽃봉오리를 먹는 녹황색채소입니다. 생육 적정온도가 15~25℃로 서늘하고 찬 기후를 좋아하기 때문에, 2~3월에 뿌려서 5~6월에 수확하는 봄뿌림 재배, 7~8월에 뿌려서 11~12월에 수확하는 여름뿌림 재배가 이루어지고 있습니다.

SOS

관리법 꽃봉오리가 작은 것만 있는 것은 아마도 옮겨심기한 시기가 일렀기 때문일 것입니다.
이른 봄에 씨앗을 일찍 뿌린 후 난방을 하지 않고 모종을 기른 경우에 작은 꽃봉오리가 많이 나옵니다. 즉, 포기가 충분히 크기 전에 기온이 낮아져서, 꽃눈이 분화하여 생긴 비정상적인 꽃봉오리입니다.
서늘하고 찬 기후를 좋아한다고 하여 너무 일찍 심으면 좋지 않습니다. 지역마다의 파종시기나 옮겨심기의 적기를 지켜야 합니다.

장마가 끝날 무렵 파 모양이 갑자기 나빠졌나요?

전문가 advice

파에는 성장이 멈춰 오그라들거나, 잎이 오글오글하게 자라서 말라버리는 병이 자주 나타납니다. 이것은 바이러스에 의한 병입니다.
잎을 보면 초록색이 조금 옅어져서 건강한 잎에 비해 전체가 누런 빛을 띠고, 희미하게 누런 얼룩이 생겨서 조금 오그라든 것처럼 보입니다.

SOS

관리법 바이러스에 의한 병은 치료할 수 없기 때문에 바로 뽑아내고 건강한 것만 남깁니다. 8월 하순부터 9월 상순에 파의 모종을 구하여 다시 한번 심습니다. 절대로 먼저 심었던 장소에 심지 않으며, 플랜터인 경우에는 새 흙을 사용합니다.

잎줄기채소류

배추가 결구하지 않나요?

전문가 advice

배추는 씨 뿌리는 시기가 중요합니다. 생육 적정온도는 20℃ 전후, 결구 형성의 적정온도는 15~17℃로 차고 서늘한 기후를 좋아합니다. 이 때문에 씨앗을 빨리 뿌리면 고온이라 생육이 나빠지고 병충해가 발생하기 쉽습니다.

SOS

관리법 배추는 10℃ 정도의 저온에 20~30일 두면 꽃눈이 만들어져서 결구하지 않는 성질이 있습니다. 따라서 씨앗을 늦게 뿌리면 11월 이후에 저온이 되어 결구하지 않고, 꽃대가 올라옵니다. 지역에 따른 파종시기를 확인하여 씨앗을 적기에 뿌립니다.

3 뿌리채소류

베란다에서 고구마를 길렀는데 실패했나요?

전문가 advice

베란다에서 고구마를 기를 경우 플랜터에 기르는데, 플랜터가 없다면 비닐봉투 등을 이용하여 기를 수도 있습니다. 단, 심는 시기와 기르는 방법 등을 바르게 알고 길러야 실패하지 않습니다.

SOS

[관리법] 모종을 구하여 5월 중순부터 6월 중순에 꺾꽂이합니다. 플랜터는 되도록 큰 30×70㎝, 깊이 20㎝ 이상인 것을 준비하며, 모종을 2포기 꺾꽂이합니다. 흙은 화초용 배양토와 적옥토를 반반씩 섞어서 사용합니다.

비료는 밑거름으로 뼛가루를 모종 1포기당 100g 정도 상토에 섞습니다. 질소계 비료는 잎만 무성하게 만들므로 적은 듯하게 줍니다.

모종의 끝이 흙 위로 조금 나오도록 줄기를 뉘어서 꽂고 물을 한번만 줍니다.

플랜터가 없으면 봉투재배라고 하여, 배양토가 담겨 있던 30㎝ 정도의 비닐봉투를 사용할 수도 있습니다.

봉투 속에 화초 등에 사용한 묵은 흙을 80% 정도 담고, 아래에 손가락 끝 정도 크기의 물 빠질 구멍을 두 군데 뚫어서 모종을 1포기씩 꺾꽂이합니다.

고구마는 햇빛을 좋아하므로, 꺾꽂이 후에는 햇빛을 충분히 쬘 수 있는 곳에 둡니다.

여름의 고온기에는 덩굴도 잘 자라고 수분을 많이 필요로 하므로, 플랜터나 봉투에서 재배할 경우에 물이 부족하지 않도록 많이 줍니다. 밭이나 뜰에서 재배하는 경우에는 괜찮습니다.

10월 중·하순에 덩굴을 자르고 포기의 뿌리를 파내어 수확합니다.

[꺾꽂이 방법]

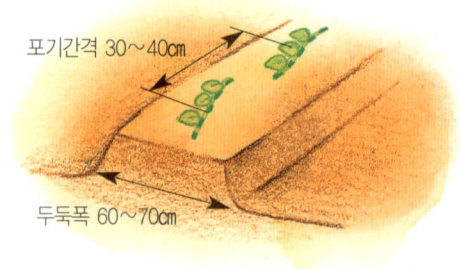

[봉투재배]

감자의 꽃을 전부 잘라버렸나요?

전문가 advice

SOS

감자의 꽃은 나중에 씨앗이 여물면서 감자의 영양분을 빼앗아가므로 따버리는 것이 좋다고 하여, 꽃을 따버리는 경우가 많이 있습니다.

관리법 감자는 꽃이 매우 잘 핍니다. 또한 꽃이 피고 나서 씨앗이 여물면 영양분이 씨앗으로 가서 감자의 영양분이 적어지므로 꽃을 따는 것이 좋다는 말이 있습니다. 그러나 일반적으로는 별로 영향을 주지 않으므로 그다지 걱정하지 않아도 됩니다.
감자의 꽃은 따도, 따지 않아도 감자가 굵어지는 것과는 아무 관계가 없습니다.

홍당무의 무가 작은가요?

전문가 advice

SOS

홍당무는 보통 3월 하순부터 4월이면 잎의 중심부에서 줄기가 나오기 시작해, 5월 하순에는 1.5m 정도로 자라고 작은 꽃이 우산모양으로 핍니다. 꽃줄기가 나오면 뿌리가 가늘어지므로 수확은 그 전에 합니다.

관리법 홍당무의 무가 작은 이유는 2가지로 생각할 수 있습니다. 하나는 본래 크게 자라지 않는 샐러드용인 경우입니다.
다른 하나는 파종시기가 늦었거나, 솎아주지 않았거나, 비료가 적었거나 등의 이유로 충분히 자라지 않았는데 봄이 되어 꽃줄기가 자란 경우입니다.
씨앗은 뿌리는 시기에 따라 알맞은 종류가 있으므로, 알맞은 품종과 시기를 선택하여 뿌리는 것이 중요합니다. 씨앗을 알맞은 시기에 뿌린 후 생육에 맞춰 솎아냅니다.

허브는 어떻게 관리해야 하나

허브는 '향이 있는 풀'로, 통풍이 잘되고 햇빛이 좋은 곳이라면 실외뿐만 아니라 실내에서도 기를 수 있습니다. 베란다나 거실·현관 등에서 직접 길러 요리나 인테리어 소품, 목욕재료 등으로 다양하게 이용해봅니다.

1 요리에 주로 이용하는 허브

민트의 향이 나쁜가요?

전문가 advice

민트는 한번 심으면 화분이나 플랜터인 경우에 1년이면 너무 무성해지고, 숙근초이기 때문에 매년 바꿔심기와 포기나눔을 합니다. 정원에 심는 경우에는 2년에 1회 정도가 좋으며, 이른 봄에 오래된 포기를 파서 포기나눔하여 바꿔 심는 것이 좋습니다. 번식력이 강한 것이 매력이지만 정원에 너무 많아져서 곤란할 수도 있습니다.

종류가 매우 많은데, 크게 나누면 페퍼민트·스피어민트·애플민트 3가지로 나눌 수 있습니다. 그리고 이 3가지를 교잡한 다양한 향의 민트가 있고, 각각의 향과 관련된 이름이 붙여져 있어 매우 복잡합니다.

민트의 향이 좋지 않은 것은 비료가 나빠서도 흙이 나빠서도 아니고 종류가 나쁘기 때문입니다.

SOS

관리법 민트 모종을 구입할 때에는 반드시 손끝으로 만져보고 향기를 확인합니다. 그러나 계속 같은 손가락으로 다른 포기를 만져보면 향기가 섞여서 본래의 향을 알 수 없습니다. 손가락을 바꾸어서 만진 후에 향기를 맡아봅니다.

그래도 3~4종류를 확인하다 보면 손가락 수도 부족하고 냄새도 이상해지는데, 이것이 민트를 찾는 즐거움이기도 합니다.

요리에 주로 이용하는 허브

로즈마리가 늘어지듯이 자라지 않나요?

전문가 advice

로즈마리는 높이 1.5~2m의 여러해살이로, 화분에 한 그루씩 심어서 기르기도 하지만 울타리로 심기도 합니다. 또한 잡지 등에 보면 돌담에 로즈마리를 심은 사진이 있는데, 가지가 아래로 늘어뜨려져 멋스럽게 보입니다. 그래서 한번쯤 심어보게 되는데, 자라면서 가지가 아래로 늘어지지 않아서 실망하는 경우가 있습니다.

SOS

관리법 로즈마리는 크게 2가지 타입이 있습니다. 아래로 늘어져서 옆으로 퍼지는 포복성과 위로 자라는 직립성입니다. 가지가 늘어지지 않는다면 아마 직립성인 마린 블루 같은 품종을 심었을 것입니다. 품종의 특성을 확인한 후에 심는 것이 중요합니다.

직립성

포복성

레몬그래스를 포기나눔 했나요?

전문가 advice

레몬그래스는 레몬향이 나기 때문에 생긴 이름으로, 열대지방인 동남아시아와 인도가 원산입니다. 습하고 따뜻한 곳을 좋아하기 때문에 중부지방에서는 실내에서만 재배할 수 있으며, 포기 수를 늘리려면 봄에 포기나눔해야 합니다.

SOS

관리법 봄의 춘분 전후 3일이 포기나눔의 적기입니다. 포기를 모종삽으로 조금 크게 파내서 흙을 털어낸 후, 땅 위의 마른 부분을 잡고 가르듯이 3~4개씩 나눕니다. 단단해서 나누기 어려울 때에는 포기 사이의 틈에 칼을 넣고 잘라서 나눕니다. 포기를 나눈 후에 땅에서 10㎝ 되는 부분을 자르는 것이 포인트입니다.

나눈 포기는 뿌리가 마르지 않았을 때 빨리 옮겨 심습니다. 곧바로 옮겨 심지 않을 경우에는 뿌리를 축축하게 해두면 2~3일은 괜찮습니다.

[레몬그래스의 월동]

땅에서 약 10㎝ 되는 부분을 자른다. 포기를 나눌 때에는 파서 3~4개로 벌리듯이 나누고, 나눈 후에 자르는 것이 작업하기 편하다

파서 화분에 심어 실내에 들여놓는다

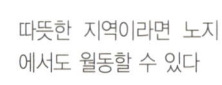

따뜻한 지역이라면 노지에서도 월동할 수 있다

부엽토 등으로 포기 밑동을 덮는다

2 꽃과 잎이 아름다운 허브

라벤더를 적합한 장소에 심었나요?

전문가 advice

라벤더는 땅에 심어도 화분에 심어도 상관없습니다. 화분에 심어서 잠시 즐기다가 포기 수가 늘어나면 포기를 나누어 반은 정원에 심어도 좋습니다. 그러나 토양에는 비교적 신경을 써야 합니다.

SOS

관리법 질퍽질퍽한 습기를 싫어하기 때문에 경사면과 같이 물이 잘 빠지는 곳에 심습니다. 정원이라면 흙을 쌓아서 낮은 지면을 돋운 후에 심습니다. 화분인 경우에는 물이 잘 빠지는 떼알구조의 흙에 심습니다.

또한 꽃은 주로 푸른 빛을 띠는 연보라색의 라벤더색인데, 추운 지역에서는 색이 짙고 따뜻한 지역에서는 색이 옅어집니다. 낮과 밤의 기온차에 따라 꽃의 색이 진하거나 옅어집니다. 따라서 북쪽으로 갈수록 낮과 밤의 기온차가 크기 때문에 진한 색이 되고, 따뜻한 지역에서는 라벤더색이 잘 안 나옵니다.

라벤더의 꺾꽂이방법이 맞나요?

전문가 advice

라벤더는 직접 씨를 뿌려서 기를 경우, 3월에 용기에 씨를 뿌려 온상이나 실내에서 기릅니다. 꺾꽂이하여 기를 경우에는 휘묻이 또는 포기나눔하는데, 가을이나 봄에 그늘에서 합니다.

SOS

관리법 꺾꽂이는 6~7월과 9월이 적기입니다. 비교적 부드럽고 줄기 끝에 가까운 부분을 길이 약 5cm로 자릅니다. 흙 속에 들어가는 부분은 잎을 자르고, 물컵에 넣고 30분 물을 흡수시켜 강모래나 녹소토 또는 적옥토에 꽂습니다. 흙 위로 2.5~3cm 나오고, 흙 속에 2~3cm 들어가게 합니다. 관상용이나 포푸리로 즐기고 꽃이 질 무렵에 꺾꽂이하면 좋습니다.

[몸에 좋은 채소의 효능]

빈혈에 좋은 시금치

빈혈은 혈액 속의 적혈구 수가 적어지는 병이다. 원인은 여러 가지가 있지만, 철분 부족이 주요 원인으로 알려져 있다. 그런데 여성의 경우는 생리가 있어서 철분을 잃게 된다. 게다가 다이어트 등으로 편식까지 하면 반드시 부족해진다.
철분 보충에 가장 안성맞춤은 시금치다. 100g에 철분이 3.7mg이나 들어 있어 철분 함유량이 어느 채소보다도 많다. 게다가 철분 흡수를 돕는 비타민C도 많아서 철분을 효율적으로 섭취할 수 있다. 특히 기름을 사용한 요리라면 효과가 더 좋다. 같은 효과가 있는 것으로 소송채와 파슬리가 있다.

변비에 좋은 고구마

현대인에게 많은 것이 변비다. 식생활이 흐트러지고 영양이 한쪽으로 기울면 장(腸)의 활동은 금방 약해진다. 그렇다고 곧바로 약에 의존하기보다, 음식으로 장의 활동을 돕는 것이 좋다. 게다가 여성의 경우 장의 안쪽이 자궁으로 장의 활동을 둔하게 하므로 남성보다 변비가 되기 쉽다.
그런 여성에게 좋은 것이 고구마이다. 식이섬유가 많고 또한 고구마에 많은 당질이 발효되어 가스가 잘 나온다. 그 결과 장을 자극하여 약보다 훨씬 편하게 변을 배출시킨다. 게다가 얄라핀(jalapin)이라는 변통을 촉진하는 성분도 들어 있다. 소화가 느려 배고픔이 덜 느껴지며, 칼로리도 낮기 때문에 비만에 대한 걱정도 없다. 우엉도 같은 효과가 있다.

노화방지에 좋은 청경채

누구나 나이를 먹고 싶어 하지 않고, 나이보다 젊어 보이고 싶어 한다. 그래서 탄력 있고 윤기 있는 피부는 모든 사람이 원하는 것이다. 젊음을 유지하기 위해서는 비타민C와 β카로틴, 무틴(점액 성분)의 섭취가 중요하다. 매일 적정량을 섭취하면 틀림없이 차이를 느낄 수 있을 것이다.
가장 권할 만한 것이 청경채이다. 비타민C와 β카로틴을 많이 함유하고 있으며, 어떤 요리에나 어울리기 때문에 다양한 방법으로 요리하여 질리지 않고 먹을 수 있다. 영양 손실이 없게 하려면 단시간에 높은 온도에서 볶는다. 기름이 비타민C의 손실을 줄이고, 카로틴의 흡수를 돕는다. 점액성분의 무틴은 산마나 오크라에 많이 함유되어 있으며, 물질대사를 돕는 호르몬의 분비를 촉진한다. 또한 단백질을 효율적으로 섭취할 수 있도록 도우며, 위나 장의 궤양을 막아준다.

골다공증에 좋은 소송채

여성이 특히 주의해야 할 병 중의 하나가 골다공증이다. 뼈에 구멍이 숭숭 나서 부러지기 쉬운 무서운 병으로, 심하면 크게 기침이나 재채기만 해도 쉽게 부러져버린다.
칼슘 부족이 주요 원인인데, 여성은 생리나 임신·출산 등으로 특히 부족해지기 쉽다. 또한 피부 때문에 햇빛을 멀리하는 경향이 있는데, 햇빛을 쬐지 않으면 몸은 칼슘을 잘 흡수하지 못한다.
칼슘은 1일 소비량인 600~900mg을 섭취해야 완전하다. 최근 칼슘을 음료수나 약으로 섭취하는 경우가 많은데, 대부분 소변으로 나가버린다. 역시 음식으로 섭취하는 것이 효율적이다.
녹황색채소는 대부분 칼슘을 많이 갖고 있다. 그 중에서도 소송채가 좋다.
소송채는 시금치와 성분이 매우 비슷한데, 칼슘은 시금치보다 훨씬 많다. 100g에 칼슘이 290mg이나 있어서, 1일 칼슘 소비량을 쉽게 섭취할 수 있다.

고혈압에 좋은 배추

외식이나 스낵 과자로 염분을 지나치게 섭취하는 식습관 때문에 젊은 사람들도 고혈압이 늘어간다. 고혈압은 그대로 두면 뇌졸중·심장병·간장병 등을 일으키는 원인이 된다.
그래서 염분을 몸밖으로 배출시키는 칼륨을 의식적으로 많이 섭취해야 한다. 이 때 좋은 것이 배추이다. 칼륨을 많이 함유하고 있으며 비타민C나 칼슘도 많고, 칼로리도 낮기 때문에 많이 먹어도 된다. 단, 칼륨은 삶으면 즙으로 녹아나오므로 끓여서 요리할 경우에 국물까지 먹는다.

성인병에 좋은 연근

성인병이란 당뇨병·고혈압·동맥경화·심장병·간장병 등을 통틀어 말한다. 또한 중년 이후의 병이라고 할 수도 있다. 최근 야채 섭취가 부족하여 낮은 연령층에서도 성인병이 갑자기 늘고 있다. 성인병 예방에 효과적인 것이 연근이다.
연근은 식이섬유가 많고 정장작용을 하므로 비만에 좋으며, 혈중 콜레스테롤을 낮춰준다. 또한 의외로 많은 비타민C를 가지고 있는데, 이것이 콜레스테롤을 낮춰주고 배설에 관여하는 효소의 활동도 돕는 다. 그러나 비타민C는 열에 매우 약하다. 비타민C가 파괴되지 않도록 너무 많이 가열하지 말고, 아삭아삭 씹히는 느낌이 있을 정도로 조리한다.

식물의 관리 part 05

식물의 관리 Q & A

Q 여름휴가로 장기간 집을 비울 때 화분은 어떻게 관리하나요?

A 관리방법은 밖에 두는 식물과 관엽식물같이 집안에 두는 식물, 2가지로 나뉩니다.

밖에 두는 경우에는 집의 북쪽 그늘에 놓습니다. 실내 화분에 심은 것은 햇빛이 직접 쪼이지 않는 곳에 모아두고, 조금 깊은 화분받침에 물을 듬뿍 받아서 넣어두는 것이 가장 손쉬운 방법입니다.

자동적으로 물을 주는 장치도 있지만 따로 설비가 필요하며, 이것도 1주일 정도로 그 이상 오랜 기간은 조금 무리라고 생각됩니다.

햇빛이 드는 방이라면 블라인드나 커튼을 쳐둡니다. 열기가 많으면 식물이 크게 손상되기 때문에 가능하면 서늘한 방에 두는 것도 중요합니다.

가능하면 그늘에 둔다

실외라면 북쪽 그늘에 둔다

커튼, 블라인드를 친다

화분받침에 물을 채워둔다

Q 가정에서는 유리 온실과 비닐 온실 중 어느 쪽이 좋나요?

A 비닐 온실은 서리를 피하는 정도라고 생각하면 됩니다. 온실이라면 역시 유리 온실이 좋습니다.
온실은 온도를 높이는 장치를 이용하여 최저온도가 8~10℃가 되도록 따뜻하게 만든 장소입니다. 그러나 낮에는 오히려 온도가 너무 올라갈 수도 있으므로 천장이나 옆쪽에 창문을 만들어서 열었다 닫았다 하며 조절해야 합니다.
온도가 높아지면 환기장치를 이용하여 실내온도를 낮추고, 온도가 내려가면 난방장치를 작동시켜서 자동적으로 실내온도를 조절하는 자동온도조절기를 설치하면 편리합니다.

Q 온실의 출입구 방향을 어떻게 정하나요?

A 온실의 출입구는 기본적으로 동쪽이나 남쪽으로 합니다. 즉, 온실을 동서방향으로 하느냐, 남북 방향으로 하느냐의 문제입니다.
식물이 똑바로 위로 자라게 하고 싶은 경우에는 남북방향이 좋습니다. 겨울에는 해가 남쪽으로 치우치기 때문에, 동서방향의 온실에서는 남쪽으로 햇빛이 많이 들어와 식물이 남쪽으로 굽어서 자라는 경향이 많습니다.
관상용 난이나 화초를 기를 때에는 남북방향의 온실을 만들어서 남쪽으로 출입하면 좋습니다.
단, 멜론 온실은 거의가 동서방향입니다. 멜론은 열매를 수확하는 것이 목적이므로 모양은 그다지 문제가 되지 않으며, 오히려 겨울에 온도가 높아야 하기 때문에 동서방향으로 합니다.

Q 우산이끼 때문에 곤란한데 어떻게 하나요?

A 우산이끼는 일반 제초제로는 효과가 없습니다. 우산이끼 전용 약을 이용해야 깨끗하게 제거할 수 있습니다. 다른 방법으로, 식초를 엷게 희석해서 뿌려도 좋습니다.
그러나 근본적으로 우산이끼가 생기지 않는 환경을 만드는 것이 중요합니다.
아마 습도가 높은 흙이 문제일 것입니다. 모래를 넣거나 피트모스 또는 퇴비를 많이 넣고 갈아서 물이 잘 빠지게 하면 우산이끼가 잘 생기지 않습니다.

 **Q** 식물은 왜 일정한 시각에 꽃이 피나요?

 **A** 식물은 하늘과 땅의 운행, 일출과 일몰을 민감하게 느끼는 기능이 있습니다.
사람의 신경 또는 두뇌에 해당하는 기능인데, 대부분의 식물은 잎에 그런 기능이 있습니다.
저녁이 되어 해가 지면 그 몇 분 후에 꽃이 지고, 아침에 해가 뜨면 몇 분 후에 꽃이 피도록 되어 있는 것입니다.
이것이 사람의 시각으로 보면 시간을 정확히 맞추는 것처럼 보이고 신비롭게 생각되는 것입니다.

사실 이것은 식물의 꽃가루받이를 매개하는 곤충의 활동과 잘 맞게 되어 있습니다.
곤충이 활동하는 시간에 꽃이 피어 있지 않으면 곤충은 오지 않습니다. 곤충이 와주지 않으면 교배를 할 수 없고, 교배를 하지 못하면 씨앗이 생기지 않아 자손을 늘릴 수 없게 됩니다. 즉, 꽃이 피는 것은 사람을 위해서가 아니라 식물이 자손을 늘리기 위한 성(性) 활동입니다.

 **Q** 밑에 끈이 나와 있는 화분심기는 무엇인가요?

 **A** 저면급수장치라고 합니다. 모세관현상을 이용하여, 화분 밑에 나와 있는 끈으로 물을 흡수하게 만든 화분심기입니다. 포인세티아나 시클라멘·시네라리아 등 저면급수장치가 되어 있는 화분이 판매되고 있습니다.

저면급수장치가 되어 있는 화분은 화분받침에 물을 담아둡니다. 그러나 물을 가득 넣으면 안 되고, 어느 정도 공기층이 있어야 합니다. 물은 화분받침의 70% 정도 넣고, 거의 없어지면 다시 넣어줍니다.

[저면급수장치 화분]

이곳으로 물을 공급

화분 바닥이 이중으로 되어 있어서, 밑으로 들어간 물이 모세관현상으로 부직포를 따라 화분의 흙에 전해진다.

만드는 방법
부직포 물수건 등을 이용한다. 겹치면 아래에 틈이 생기게 되는 같은 크기의 화분을 겹쳐서 얹고, 바닥의 구멍에 폭 1.5cm, 길이 10~15cm로 자른 부직포를 늘어뜨린 후 아래 화분에 물을 넣는다.

Q 북향 정원에 알맞은 식물은 무엇인가요?

A 그늘에 강한 식물을 중심으로 심으면 북쪽에도 충분히 정원을 만들 수 있습니다.
예를 들어, 범부채는 붓꽃과의 여러해살이풀로 4월말부터 꽃이 피기 시작하며 아주 예쁩니다. 가을에 꽃이 피는 털머위도 그늘에 강한 식물입니다. 여러해살이풀로는 엽란·만년청·자금우·옥잠화 등이 그늘에 강합니다.
나무로는 팔손이·후피향나무 등이 있습니다.

Q 옆집을 가리기에 좋은 나무는 어떤 것인가요?

A 가리고 싶은 나무에도 여러 가지를 생각할 수 있습니다. 겨울에도 가리는 것이 좋다면 늘푸른나무가 좋습니다. 그러나 겨울에는 창문을 닫고 있을 때가 많기 때문에, 옆집의 창이 조금 보이는 정도가 좋다고 생각한다면 넓은잎나무가 좋습니다.
늘푸른나무의 경우에는 애기동백이 좋습니다. 넓은잎나무로는 여름이 되면 꽃이 많이 피는 무궁화가 가지가 똑바로 위로 자라서 시야를 가리기에 좋습니다. 또한 양쪽 집 모두 아름다운 꽃을 보면서 살 수 있습니다.

 여러 해 지난 나무도 다듬질하면 젊어질 수 있나요?

 아주 여러 해가 되었어도 얼마든지 젊어질 수 있습니다. 단, 이것은 가지를 된다듬질하는 것만으로는 안 되며, 뿌리를 젊어지게 하고 건강하게 하는 것도 중요합니다.

뿌리가 약해지면 나무는 건강을 잃고, 약해진 나무를 된다듬질하면 젊어지기는커녕 시들어버립니다. 뿌리를 젊어지게 하는 것이 매우 중요한데, 우선 비료를 충분히 주어야 합니다. 된다듬질하고 나서 질소류의 비료를 많이 줍니다.

또 젊어지게 하기보다 꽃이 계속 피게 하고 싶을 때에는 질소류의 비료를 주지 말고, 인산·칼륨이 많은 비료를 주면 효과적입니다.

성호르몬이 억제되고 생장호르몬이 강하게 나오면 나무는 젊어집니다.

한편 꽃이 핀다는 것은 성호르몬이 식물체 속에 가득 차는 것입니다. 성호르몬이 너무 많아져서 꽃이 너무 많이 펴도 포기가 약해집니다.

된다듬질과 충분한 비료로 먼저 뿌리를 튼튼하게 만든다

Q 비료 비율이 8·8·8과 12·12·12로 된 것은 같은 것인가요?

A 8이나 12라는 것은 전체를 100으로 했을 때의 값입니다. 그리고 3개의 숫자는 앞에서부터 순서대로 비료의 3요소인 질소·인산·칼륨 성분의 양을 나타냅니다.
따라서 8·8·8과 12·12·12는 12·12·12 쪽이 8·8·8로 표시된 것보다 질소·인산·칼륨의 성분이 1.5배 많이 함유되어 있다는 것을 나타냅니다. 만약 8·8·8 대신 12·12·12를 줄 경우, 주는 양을 2/3 정도 적게 주면 됩니다.

Q 비료 중독이란 무엇인가요?

A 식물이 필요로 하는 양보다 비료를 많이 주면 뿌리가 생리장해를 일으킬 수 있습니다. 심한 경우 그대로 말라죽을 때도 있습니다. 이것이 비료 중독입니다.
그런데 같은 양의 화학비료를 주어도 중독되는 경우와 중독되지 않는 경우가 있습니다. 흙이 화학적으로 보비력(거름지닐힘)이 다르기 때문입니다. 보비력이 없는 흙에 비료를 많이 주는 것은 위험합니다. 보비력을 높이기 위해서는 유기물을 주어야 합니다.

Q 화학비료는 안전한가요?

A 화학비료는 비료성분의 엑기스를 추출한 것이기 때문에 그 자체로는 문제가 없습니다. 문제가 되는 것은 비료효과를 높이기 위해 사용하는 증진제나 원료에 함유되어 있는 유해성분인데, 공정규격으로 최대량을 규제하고 있습니다. 단, 화학비료는 취급이 쉬워서 너무 많이 줄 때가 있습니다.
유기질비료와 화학비료의 특징을 잘 알아서 효과적으로 사용해야 합니다.

 토질이란 무엇인가요?

 흙은 모래와 점토로 이루어져 있으며, 그 비율에 따라 흙의 성질이 정해집니다. 토질을 알아보려면 약간의 흙에 물을 조금 넣어서 적셔봅니다. 이것을 엄지와 집게손가락으로 집어서 종이 노끈을 만들 듯이 비빕니다. 이 때 만들어지는 굵기로 토질을 알 수 있습니다.
흙이 까칠까칠하여 뭉치지 않으면 사질토, 굵기 2mm 이하의 끈모양이 되면 점질토, 3~4mm 굵기의 막대모양이 되면 식물 재배에 적합한 토양입니다.

 점토질 밭은 어떻게 개량하나요?

 토질 개량의 기본은 좋은 퇴비를 넣는 것입니다. 퇴비도 나무껍질이나 부엽토(낙엽퇴비)·왕겨 등과 같이 섬유질이 많은 식물을 재료로 한 퇴비가 효과적입니다. 1m²당 5~10kg 정도로 많이 넣어도 됩니다.
점질토는 깊은 곳까지 점토가 많고 물빠짐이 나쁘기 때문에, 퇴비를 줄 때에도 40~50cm 깊이까지 깊게 파 일구어 넣습니다.
또 점질토는 비가 내리면 끈적끈적해지고 마르면 딱딱해집니다. 흙에 물을 직접 주거나 위에서 밟아 다지는 일이 없도록 마른풀(씨앗이 없는 것)이나 마른 잎으로 바닥덮기하면 밭이 폭신폭신하게 유지됩니다. 사용한 풀이나 마른 잎은 다음 작물을 재배할 때 갈아 넣습니다.

 알고있나요?

뿌리와 흙의 관계

식물이 건강하게 성장하는 것은 뿌리의 생육과 관련 있다. 식물을 심었을 때 흙이 안 좋으면 뿌리가 자라지 못하고 줄기·꽃·잎을 지탱할 수 없다. 즉, 뿌리는 식물을 지탱하는 기둥이라고 할 수 있다.
또한 뿌리는 뿌리털로 물과 양분을 흡수하며, 나머지 뿌리부분은 뿌리털에서 흡수한 물과 양분을 잎이나 꽃에 전달한다. 식물에서 이렇듯 중요한 뿌리털을 지켜주는 것도 흙의 중요한 역할이다.

 흙 만들기는 어떻게 하나요?

 흙 만들기에서 중요한 것은 다음의 4가지입니다.

1. 흙을 부드럽게 만든다
괭이나 삽으로 흙을 깊이 20~30㎝로 파 일구어 뿌리를 충분히 뻗을 수 있도록 부드럽게 만듭니다. 단, 물빠짐이 나쁜 곳에서는 깊이 갈아줍니다.

2. 산도를 알맞게 맞춘다
흙이 산성인지 알칼리성인지에 따라 식물의 생장에도 영향을 줍니다. 식물에 알맞은 산도(pH)는 6~6.5입니다.

3. 퇴비를 넣는다
퇴비는 토질개량에 매우 좋습니다. 양질의 퇴비를 1㎡당 2~3㎏을 줍니다.

4. 인산도 중요하다
화산재 토양에서는 인산이 부족한 곳이 종종 있습니다. 이럴 때에는 인산을 조금 넣어주면 좋습니다.

 밭의 상태를 간단히 체크할 수 있는 방법은 무엇인가요?

 보기만 해서는 알 수 없습니다. 흙의 굳기를 확인해봅니다.

우선, 길이 1m 정도의 가는 막대기를 흙에 꽂아봅니다. 쉽게 들어가는 흙(갈이흙)의 두께를 확인합니다. 채소 재배에는 갈이흙이 20㎝ 정도 있어야 합니다. 10㎝ 이하면 밭 전체를 괭이나 삽으로 파 일굽니다.

다음으로, 막대기에 힘껏 체중을 실어서 수직으로 최대한 찔러 넣습니다. 막대기가 들어간 깊이를 재어 60㎝ 이상이면 어떤 식물도 충분히 자랄 수 있습니다. 40㎝ 이하면 삽으로 깊이 갈아줍니다.

토양 산도(pH)		산성		약산성		중성		알칼리성	
← 4	4.5	5	5.5	6	6.5	7	7.5	8	8.5 →

Q 토질 개량에 구입한 퇴비 이외에 어떤 것을 사용하나요?

A 토질 개량에 퇴비가 많이 필요한 경우, 구입한 퇴비뿐만 아니라 잡초나 나무 부스러기를 넣을 때가 있습니다. 그 후 씨앗을 뿌려도 발아하지 않는 일이 종종 있습니다.

잡초나 나무 부스러기들이 분해되면서 발아억제 물질이 나오기 때문이라고 생각됩니다. 바크나 부엽토같이 완전히 썩은 퇴비를 사용합니다.

모종을 심어도 잘 생장하지 않는 경우에는 잡초나 나무 부스러기가 분해하면서 질소를 흡수하여, 질소기아를 일으키고 있는 것도 생각해볼 수 있습니다. 밑거름을 조금 많이 20% 정도 넣어줍니다.

Q 물빠짐이 나쁜 밭은 어떻게 개량하나요?

A 물을 땅 속으로 보내주기 위해 삽으로 깊게 파 일굽니다. 전체를 파 일구기는 힘들므로 약 1m 간격으로 60~80㎝ 이상 깊이 갈아줍니다.

깊은 곳의 흙이 점질토라면 나무껍질 퇴비나 부엽토를 갈아 넣어줍니다. 화산재 토양이라면 인산이 부족한 경우가 많으므로 용성인비를 섞어 넣어주는 것도 효과적입니다.

Q 바닥덮기에 어떤 것이 있나요?

A 흙을 볏짚이나 비닐 등으로 덮는 것을 바닥덮기라고 합니다. 바닥덮기는 흙의 건조 방지, 잡초 방지, 지온 상승, 비 올 때 흙탕물이 튀는 것을 방지(병의 예방)하는 효과 등이 있습니다.

예전에는 비닐이 아니라 볏짚이나 베어낸 풀을 사용했습니다. 분해되어 퇴비효과를 얻을 수 있고, 쓰레기가 나오지 않는 점 등이 이점입니다. 비닐의 장점은 색을 선택할 수 있다는 것입니다. 흑색 바닥덮기는 지온상승, 은색 바닥덮기는 진딧물 방제 등의 효과가 있습니다. 최근에는 생물 분해성 시트가 나와서 쓰레기 걱정도 없습니다.

원예용어 guide

ㄱ

■ **가지**
식물의 원줄기에서 갈라져 나온 줄기. 주로 관다발식물의 중심줄기에서 갈라져 나온 줄기를 말하는데, 선태식물이나 조류의 경우에도 주축에서 갈라지는 축을 가지라고 한다.

■ **갈색무늬병**
주로 식물의 잎에 발생하며, 갈반병(褐斑病)이라고도 한다. 둥근 흑갈색 반점이 생겨서 점점 커지며, 2~3주 후에 누렇게 변하여 일찍 낙엽이 되는데 황변하지 않고 그대로 남아 있는 것도 있다. 병반이 커지면 잎이 쉽게 낙엽이 된다.

■ **개화 소요일수**
씨뿌리기·아주심기·순지르기 또는 온실 반입 등 임의로 정한 계산일로부터 꽃이 필 때까지의 날짜.

■ **겹꽃·겹피기**
홑꽃의 수술·암술 및 꽃받침 등이 꽃잎으로 변하여 꽃잎 수가 늘어난 것. 일반적으로 홑꽃보다 관상가치가 높으며 화훼식물의 카네이션이 좋은 예이다.

■ **경엽식물(莖葉植物)**
줄기와 잎이 나뉘어 있는 식물. 종자식물·양치식물·솔이끼류의 총칭. 갈조류의 모자반류 등은 겉보기에는 솔이끼류와 같지만 경엽식물이라고 하지 않는다. 또 경엽체를 이루지 않는 우산이끼류도 포함하여, 선태·양치·종자식물의 총칭으로 부르는 경우도 있다. 엽상식물(葉狀植物)에 상대되는 말.

■ **고형비료**
식물을 화분에서 기를 때 특히 부족해지기 쉬운 다량요소를 보충하기 위한 비료. 들깻묵에 다른 성분을 적당히 첨가해서 둥글게 만들어 웃거름으로 사용한다. 유기질비료와 같은 약효를 나타내며, 약효가 오래 지속되는 특징이 있다.

■ **광합성**
녹색식물이 햇빛과 물·이산화탄소를 이용하여 녹말·당 등의 유기물을 합성하는 과정. 주로 잎에 있는 엽록소가 햇빛을 받아 생육에 필요한 양분을 만들어낸다.

■ **꺾꽂이**
무성번식 방법의 하나로, 자른 가지나 줄기·잎·뿌리 등을 흙에 꽂아서 뿌리를 내린다. 씨앗을 뿌려서 가꾸는 것보다 성장기간이 단축되며, 식물의 개량으로 씨앗을 얻을 수 없을 때 흔히 이용된다. 삽목(揷木)이라고도 한다.

■ **꺾꽂이순**
꺾꽂이에 사용하는 가지나 줄기.

■ **꽃가루받이**
수분(受粉)이라고도 한다. 꽃가루가 속씨식물에서는 암술머리에, 겉씨식물에서는 밑씨의 주공(珠孔) 부근에 붙는다. 대부분은 벌이나 나비 등의 곤충이 꽃가루를 운반하여 꽃가루받이한다.

ㄴ

■ **난석**
동양란을 심을 때 사용하는 인공토양. 알갱이에 작은 공기구멍이 무수히 많이 있어서 산소공급이 잘된다. 쉽게 구할 수 있으며, 대·중·소 3가지를 섞어 사용한다.

■ **내한성(耐寒性)**
저온에 잘 견디는 성질.

■ **노지재배**
자연의 기상조건에서 작물을 기르는 것.

■ **녹병**
잎의 표면에 적갈색 가루가 생기는 병으로 녹병균이 식물에 기생하여 발생한다. 하얀녹병, 검은녹병 등이 있다.

■ **녹소토**
일본 도치기현 카누마시 근처에서 나는 화산 모래자갈이 풍화한 산성토. 배수성·통기성·보수성이 좋아서 꺾꽂이나 화분심이용 흙으로 많이 이용한다.

■ **늘푸른나무**
일반적으로 잎의 생존기간이 1년 이상이며, 1년 내내 잎이 달려 있는 나무류. 상록수(常綠樹)라고도 한다. 열대 등에서는 잎의 생존기간이 1년 미만이지만, 묵은 잎이

ㄹㅁㅂㅅㅇㅈ

떨어지기 전에 새잎이 나기 때문에 항상 잎이 달려 있는 나무도 있다.

ㄷ

■ 다듬기
나무의 줄기나 가지, 화초의 줄기를 자르는 것. 나무모양을 만들거나 포기를 정리하기 위해 한다.

■ 다량요소
식물이 생장하기 위해서는 여러 종류의 원소가 필요한데, 특히 부족해지기 쉬우므로 성장기때 보충해 주어야 한다. 질소·인산·칼륨·탄소·산소·칼슘·황·마그네슘 등이 있다.

■ 다육식물
잎·줄기·뿌리 등이 여러 형태로 비대하여, 수분을 많이 함유한 유조직이 저장기관으로 발달한 식물. 선인장·알로에 등이 대표적이다.

■ 단일식물(短日植物)
하루 중 낮의 길이가 일정 시간보다 짧아야 꽃눈이 만들어져서 꽃이 피는 식물.

■ 단일처리
꽃이 피는 시기를 앞당기기 위해, 아침저녁에 덮개 등을 이용하여 빛을 받는 시간이 짧아지도록 처리하는 것. 하루 중 빛을 받는 시간이 짧아지면 꽃이 달리는 단일식물(국화나 포인세티아 등)에 해준다.

■ 덧거름
수확 후 또는 꽃이 지고 난 후에 약해진 포기를 회복시키기 위해, 또는 다음의 뿌리나 싹의 생장을 위해 주는 비료.

■ 덩이뿌리
뿌리가 양분을 저장하여 비대해진 모양. 괴근(塊根)이라고도 한다. 달리아·고구마·순무 등이 있다.

■ 된다듬질
강전정. 다듬기할 때 줄기나 가지를 조금만 남기고 많이 자르는 것. 가지를 짧게 조금만 자르는 것은 약전정이라고 한다.

■ 두둑
밭에 작물을 심기 위해, 사이를 띄우고 흙을 높게 돋우어 줄모양으로 만든 곳.

■ 땅 닿은 부분
식물이 땅과 만나는 부분. 밑동부분을 가리킨다.

■ 땅심
식물을 기르는 데 있어 흙이 가지고 있는 통기성·물빠짐·보비성 등을 종합적으로 평가한 것.

ㅁ

■ 모기르기
옮겨 심어서 재배할 모종을 기르는 것. 어린 시기에 공들여서 관리해야 할 작물이나, 씨앗을 뿌려서 다 자랄 때까지 같은 장소에서 재배하면 재배 결과가 좋지 않은 작물의 경우에 한다. 모판이나 못자리(벼의 경우)에서 온도·물·햇빛·통풍 등을 잘 관리하여 옮겨심기에 알맞은 크기까지 기른다.

■ 모래흙
찰흙(점토)이 적고 모래가 많은 토양으로 사토(沙土)라고도 한다. 토양은 다양한 굵기로 이루어져 있는데, 보통 지름 0.02㎜(2㎛) 이하의 입자를 찰흙이라 하고, 찰흙의 함량이 12.5% 이하인 토양을 모래흙이라고 한다. 성긴 입자가 많기 때문에 틈새가 많으며, 물빠짐과 통기성은 좋지만 보수력은 작다. 해안·강가 등에서 많이 볼 수 있다. 영양분이 잘 축적되지 않고, 가뭄의 피해를 입기 쉽다. 수박·땅콩·참외 등의 재배에 적합하다.

■ 모판
씨를 뿌린 후 어느 정도 모종이 자랄 때까지 식물에 맞는 좋은 환경을 만들어서 관리하기 위해 사용하는 용기.

■ 무기질비료
광물같이 탄소가 없어서 불에 태워도 재가 되지 않는 화학비료. 질소비료, 인산비료, 칼륨비료, 복합비료, 석회 등이 있다.

■ 무름병
병원균으로 인해 뿌리가 썩어가는 병으로 연부병·무름썩음병이라고도 한다. 주로 고온다습(30℃ 이상), 잦은 물주기, 통풍불량 등이 원인이며, 식물의 상처 부위에 병균이 침입하여 발생한다.

■ **물가꾸기**
비료 성분을 녹인 수용액으로 작물을 재배하는 것으로 수경재배(水耕栽培)라고도 한다. 유리 실내에 자동적으로 양액이 흐르고 통기가 이루어지는 장치를 한다. 시설 원예의 발달로 가능해졌다. 토마토·오이 등의 청정 채소를 효율적으로 생산할 수 있는데, 시설의 설치나 관리에 비용이 든다.

■ **물주기**
식물에 물을 주는 방법으로, 일반적인 물주기 방법 이외에 저면관수와 엽수(葉水) 등이 있다.

■ **밑거름**
옮겨심기 전에 미리 주는 비료. 흙에 섞어 주는 경우와 뿌리 아래쪽에 넣어두는 경우가 있다.

ㅂ

■ **바꿔심기**
모종이나 묘목을 다른 장소나 화분 등에 옮겨 심는 것. 옮겨심기라는 의미 이외에 새 흙이나 큰 화분에 옮겨 심는 것도 바꿔심기라고 한다.

■ **바닥덮기**
흙의 표면에 짚이나 비닐 등을 덮는 것. 흙이 건조하지 않게 하거나 땅의 온도를 조정하고 잡초가 잘 생기지 않게 하기 위해 한다. 밭에서는 미리 심을 구멍이 뚫려 있는 비닐 등도 사용한다.

■ **바이러스병**
바이러스가 병원이 되어 생기는 병. 증상은 병원이 되는 바이러스나 식물의 종류에 따라 다른데, 대부분은 잎에 옅은 색의 점이나 줄 모양이 생긴다. 약으로 완전방제가 불가능하므로 전염을 막기 위하여 병에 걸린 포기를 태워서 없애는 것이 일반적이다. 그러나 겉으로 보아서는 잘 알 수 없는 것도 많으므로, 전염을 막기 위해서는 병을 옮기는 진딧물을 잡아주거나, 포기나눔 등에 사용하는 가위나 칼 등을 소독한다.

■ **바이러스 프리**
식물체가 바이러스에 감염되지 않은 상태를 의미한다. 넓은 의미에서 약간은 감염되어 있지만 겉으로는 그렇게 보이지 않는 경우도 포함된다.

■ **바크(bark)**
서양란에 주로 사용되는 것으로, 젓나무·소나무의 껍질을 삶아서 분쇄한 것이다. 통기성·배수성이 좋다.

■ **반그늘**
직사광선이 아니고 햇빛을 전혀 받지 않는 것도 아닌, 해가 비치면서도 약간 그늘이 되는 상태를 말한다. 나무 사이로 새어 들어오는 빛이나 한랭사를 통해 들어오는 빛이 여기에 해당된다.

■ **배수성**
물이 빨리 배출되는 성질.

■ **배양토**
식물을 기를 때 사용하는 흙. 녹소토 등 자연의 흙을 한 가지만 사용하는 경우도 있지만, 대부분은 적옥토나 부엽토·버미큘라이트 등 여러 가지 흙을 섞어서 사용한다.

■ **버미큘라이트(vermiculite)**
질석을 $1,000°$로 구워 잘게 만든 것. 물빠짐·통기성을 좋게 하기 위해 이용하며, 적옥토 등에 섞어서 사용한다.

■ **보비성**
흙이 비료성분(양분)을 유지하는 성질. 흙이 유기질을 많이 함유하고 떼알구조가 되면 보비력이 높아진다.

■ **보수성**
물을 오래 담아두는 성질.

■ **부엽토**
낙엽·풀 등이 발효되어 흙이 된 것으로 보수성·보비성·통기성·배수성이 좋고 밭흙·마사·모래와 섞어서 관엽식물·화분식물을 심을 때 광범위하게 사용.

■ **분구**
알뿌리가 나뉘어 수가 늘어나는 것. 또는 늘어난 알뿌리를 제각기 나누는 것을 말하기도 한다.

■ **비료의 미량요소**
비료성분 중 조금만 있어도 되지만 없으면 안 되는 것으로, 철분·망간·붕소·아연·동·몰리브덴·염소·유황 등이 있다.

■ **비료의 3요소**
식물이 생육하는 데 필요한 영양소 중 가장 많은 양을 필요로 하는 질소(N)·인산(P)·칼륨(K)을 말한다.

■ **비료중독**
비료장해라고도 한다. 약을 진하게 뿌린 경우에 일어나기 쉽다. 장해가 가벼우면 잎 끝이나 가장자리가 마르는 정도이지만, 심할 때에는 포기 전체가 말라버린다.

■ **뿌리덩이**
식물을 화분이나 정원에서 파냈을 때 나오는, 뿌리와 흙이 한덩어리가 된 부분을 말한다.

■ **뿌리혹병**
땅 표면의 줄기 또는 뿌리에 발생한다. 처음에는 조그만 혹이 생겨서 커지며, 뿌리 부위에 커다란 혹이 많아지면 생육이 느려지거나 멈춘다. 토양에 의해 전염되거나 접촉에 의해 전염된다. 식물을 옮겨심기할 때 뿌리가 손상되거나, 뿌리혹병에 걸린 식물의 뿌리를 자른 오염된 칼로 뿌리를 자르는 경우 등, 뿌리 부위에 상처가 났을 때 상처를 통하여 감염되기도 한다.

ㅅ

■ **산도**
흙이 산성인지 알칼리성인지를 말하는 것. 식물의 종류에 따라 알맞은 산도가 다르다.

■ **산성토**
산성·알칼리성의 정도를 나타내는 pH값이 7.0 이하인 토양. 보통은 산성이 강하여 식물의 생육에 영향을 미치는 토양을 말한다. 비가 많아서 염기가 씻겨나간 땅, 다량의 유기물이 축적되어 있는 습지, 또는 옛날에 바다여서 황산염이 축적되어 있는 땅 등에 많다.

■ **살충제**
농작물 등에 피해를 주는 해충을 구제·방제하기 위해서 쓰는 약. 독제·접촉제·훈증제·침투 살충제·유인제·기피제 등으로 나뉜다. 성분에 따라 유기염소제·유기인제·카바메이트제·무기살충제·천연살충제 등으로도 나뉜다.

■ **생장점**
세포분열로 식물체의 새로운 조직이나 기관을 생성하는 부분.

■ **속효성 비료**
뿌리면 바로 뿌리에 흡수되는 비료. 효과가 빠른 대신 대부분 효과가 오래 지속되지 않는다. 액체비료가 여기에 해당된다.

■ **솎아내기**
못자리나 밭에서 작물이 잘 생육할 수 있도록, 빽빽하게 심어져 있는 것을 알맞은 포기간격으로 뽑아내는 것.

■ **수생식물(水生植物)**
물 속에 나는 식물의 총칭. 보통 해조류 등은 포함시키지 않는다. 못이나 늪가 등에서 보면, 얕은 물가에는 물에서 나와 줄기나 잎이 물 위에 뻗어 있는 정수식물(挺水植物, 추수식물)이 있다. 물가에서 조금 떨어진 중간 깊이에는 잎이 물 위에 떠 있는 부엽식물(浮葉植物), 더 깊은 곳에는 물 밑바닥에 들러붙어서 식물체 전체가 물속에 잠겨서 생육하는 침수식물이 있다. 물 밑바닥에 들러붙지 않고 물 위를 떠도는 물옥잠과 같은 부생식물(腐生植物)도 있다. 통틀어 수생식물이라고 한다.

■ **수술**
꽃의 구성요소 중 하나로, 수꽃의 생식기관. 웅예라고도 한다. 꽃잎의 안쪽, 암술의 바깥쪽에 달리며, 속씨식물은 보통 가느다란 수술대 끝에 꽃밥이 달려 있다. 수술대의 굵기나 꽃밥이 달리는 방법은 종에 따라 다양하다. 수술만 있는 꽃은 수꽃이라고 한다.

■ **식물 호르몬**
성장이나 휴면·발아·낙엽 등 식물의 모든 생리작용을 제어하는 물질. 동물 호르몬은 기능이나 작용 기관이 분명하게 정해져 있는데, 식물 호르몬은 여러 기관에 작용하여 제각기 서로 다른 기능을 한다.

또 작용에 적합한 농도가 있으며, 이것도 호르몬의 종류나 작용 기관에 따라 다르다. 알려져 있는 호르몬 중 옥신·지베렐린·시토키닌은 식물의 성장을 촉진하고, 아브시스산과 에틸렌은 반대로 억제하여 낙엽이나 휴면이 된다.

■ 싹
식물의 잎과 줄기를 통틀어서 묘조(苗條) 또는 슈트(shoot)라고 하는데, 이것이 아직 발육하지 않은 작은 덩어리로 되어 있는 것을 말한다. 위치에 따라 끝눈·곁눈·겨드랑눈 등이 있다. 발육상태에 따라 새 눈, 잠자는 눈, 겨울눈(환경의 악화에 대응한 잠자는 눈의 일종) 등이 있으며, 형태에 따라서는 잎눈, 꽃눈, 혼합눈(꽃과 잎이 다 된다) 등이 있다. 또 생기는 부위에 따라서 정해진 위치에서 나오는 제눈(정아), 원래 싹이 나오지 않는 곳에 생기는 막눈(부정아) 등 여러 종류가 있다.

■ 쌍떡잎식물
속씨식물은 떡잎이 1장인 외떡잎식물과 떡잎이 2장인 쌍떡잎식물로 나뉜다. 쌍떡잎식물의 주된 특징은 원뿌리가 있고, 줄기의 물관부와 체관부 사이에 부름켜(형성층)가 있는 진정 중심주(眞正中心柱, 관다발이 속을 싸고 있는 원주 위에 배열해 있는 중심주)이다. 잎맥은 그물맥이고, 꽃잎이 4~5장, 또는 그 배수이다.

■ 씨받이
번식용 씨앗을 얻는 것. 채종(採種)이라고도 한다.

■ 아주심기
알뿌리나 모기르기한 모종을 마지막으로 재배할 곳에 옮겨 심는 것.

■ 알뿌리
식물의 땅 속 부분이 공모양의 저장기관으로 된 것. 땅 윗부분이 말라죽은 후에 번식체가 된다. 원예용어로 덩이뿌리(괴근, 고구마·달리아·작약 등), 덩이줄기(괴경, 감자·시클라멘·아네모네 등), 알줄기(구경, 글라디올러스·프리지아·곤약 등), 비늘줄기(인경, 백합·튤립 등) 등을 통틀어 말한다.

■ 암꽃
단성화 중 암꽃술만 가진 꽃. 암꽃술만 가진 포기와 수꽃술만 가진 포기가 나누어져 있는 경우를 암수딴그루라고 한다.

■ 암꽃술
꽃을 구성하는 요소로 암꽃의 생식기관. 자예라고도 하며, 양치식물의 대포자엽에 해당한다. 꽃가루받이하는 끝부분의 암술, 그 아래의 암술대, 생식기관을 이루는 씨방 등 3부분으로 이루어져 있다. 씨방을 이루는 심피(心皮)의 가장자리에 밑씨가 달린다. 암꽃술을 만드는 심피의 수에 따라서 1심피, 또는 2심피, 3심피, 다심피 자예라고 한다. 하나의 꽃에 암꽃술이 하나인 것이 많지만, 미나리아재비처럼 하나의 꽃에 암꽃술이 많이 있는 것도 있다. 꽃대의 가장 안쪽에 달린다.

■ 액체비료
화분에서 식물을 기를 때 특히 부족해지기 쉬운 다량요소를 보충하기 위한 비료로, 물과 적당히 배합하여 사용한다. 화분에 꽂아두는 앰플 모양도 있으며, 효과가 빨리 나타나지만 오래가지는 않는다. 웃거름으로 사용하며, 식물에 따라 다르지만 1주에 1회 정도 물 대신 준다. 고형비료와 번갈아가며 주면 성장이 좋아진다.

■ 양생식물(陽生植物)
어두운 곳에서는 생육하지 않고, 밝은 곳에 주로 나는 식물. 음성식물에 비하여 호흡량이 많고 보상점(補償點, 호흡과 광합성의 평형점)이 높으므로, 빛이 매우 밝지 않으면 탄산동화를 할 수 없어 제대로 성장하지 못한다. 많은 한해살이풀이나 작물이 양생식물이다.

■ 양성화(兩性花)
하나의 꽃에 암술과 수술이 모두 있는 꽃. 완전화(完全花)라고도 한다. 단성화에 상대되는 말. 벚나무·백합·평지 등 가장 흔한 꽃에서 볼 수 있는데, 자가수정하는 경우도 있으나 수술과 암술의 성숙 시기가 달라서 자가수정이 안 되는 예도 있다(국화과·질경이과 등). 진화단계로 볼 때 처음 만들어진 꽃이 양성화이고, 그 중 암술이나 수술이 퇴화해서 단성화가 된 것으로 추측된다.

ㄹㅁㅂㅅㅇㅈ

■ 엽수(葉水)
물을 잎에 뿌리는 것. 보통은 분무기를 이용하지만 물뿌리개로 식물의 윗부분에서 물을 주는 것도 엽수라고 한다. 잎 주위의 공기 중의 습도를 높이는 효과가 있다. 잎 응애를 막는 데도 효과적이다.

■ 영양기관
식물체에서 생식기관을 제외한 기관. 줄기·잎·뿌리가 여기에 해당된다. 뿌리는 성장에 필요한 물이나 양분을 흡수하고, 잎에서는 광합성으로 유기물을 만들어낸다. 또 줄기는 뿌리나 잎에서 만들어진 양분이나 유기물을 필요한 부분으로 보내기 위한 통로가 된다. 이와 같이 영양기관이란 성장에 필요한 영양을 얻기 위한 기관을 말한다.

■ 영양번식
종자번식에 상대되는 말로, 영양생식(營養生殖)이라고도 한다. 접목·꺾꽂이·휘묻이·포기나눔·조직배양 등으로 번식한다. 쇠비름이나 딸기·범의귀 등은 어미개체에서 땅 위를 기는 긴 줄기가 나와 그 끝에 새로운 개체가 생긴다. 또 감자나 고구마는 각각 지하에 있는 줄기나 뿌리가 굵어진 것인데, 그냥 두면 땅 위로 여러 개의 싹이 나와 새로운 식물체로 자란다. 이밖에 베고니아나 꿩의비름 등 잎에서 새로운 개체가 만들어지는 것도 있다.

■ 옮겨심기
씨뿌리기부터 수확까지 사이에 작물을 옮겨 심는 것. 마지막에 심는 장소, 즉 본밭으로 옮겨 심는 것을 아주심기, 아주심기 전의 옮겨심기는 한때심기로 구분해서 부르기도 한다.

■ 완숙퇴비
짚이나 낙엽 등을 썩혀서 만드는 것이 퇴비인데, 그 중에서도 충분히 썩힌 것을 완숙퇴비라고 한다. 덜 썩은 퇴비를 주면 생육에 장해가 생길 염려가 있다.

■ 완효성 비료
비료를 준 것이 조금씩 녹아서, 천천히 오랜 시간에 걸쳐 효과가 나타나게 만든 비료를 말한다.

■ 웃거름
식물의 생육 중에 영양을 보충하기 위하여 주는 비료. 추비(追肥)라고도 한다.

■ 유기질비료
각종 유기물을 원재료로 하는 비료로, 무기질비료의 상대어. 동식물을 원료로 하는 불에 타는 비료를 말한다. 짚이나 가축의 분뇨 등을 쌓아서 썩힌 퇴비는 예부터 쓰여 온 대표적인 유기질비료이다. 질소질 비료(들깨·콩 등을 원료로 하는 깻묵, 생선찌꺼기, 퇴비, 소·돼지의 배설물 등), 인산질 비료(뼛가루, 닭똥, 쌀겨와 쌀뜨물), 칼륨질 비료(재거름, 해초) 등이 있다. 지효성으로 미량요소가 들어 있으며, 주로 밑거름 등으로 이용된다.

■ 응애
종류가 많으며 잎에 피해를 일으킨다. 고온 건조할 때 잎의 뒤쪽에 기생하면서 즙액을 빨아먹어 잎을 누렇게 만든다. 피해가 심하면 잎이 갈색으로 변하여 말라죽으며, 낙엽이 되는 경우도 있다. 주로 아래쪽 잎에 먼저 피해를 주고, 위쪽의 새잎, 새 순으로 옮겨가면서 피해를 준다.

■ 인공수분
수꽃의 수술을 암술머리에 가볍게 묻혀주어 인위적으로 꽃가루받이를 하는 것.

■ 일조량
하루 중 햇빛이 비치는 시간의 양.

■ 잎꽂이
잎을 꺾꽂이순으로 이용하는 꺾꽂이 방법으로, 엽삽(葉揷)이라고도 한다. 식물의 잎을 잘라서 흙에 꽂아 번식시킨다. 줄기에 잎을 조금 붙여서 자른 경우에도 잎꽂이라고 하는데, 엄밀히 말하면 잎만 꺾꽂이순으로 이용하는 것이 잎꽂이다. 대표적인 예로 엘라티오르 베고니아나 포인세티아 등의 번식에 이용된다.

■ 잎눈
엽아(葉芽)라고도 한다. 꽃이 피지 않는 눈으로 발아 후에 새 가지로 자란다.

■ 잎눈꽂이
엽아삽(葉芽揷)이라고도 한다. 잎자루 아래쪽에 있는 겨드랑눈을 붙여서 잘라 흙에 꽂아 번식시키는 방법.

ㅊ ㅌ ㅍ ㅎ

■ **잎살**

엽육(葉肉)이라고도 한다. 위아래의 표피조직 사이에 있는 동화조직으로, 엽록체를 많이 함유하고 있다. 다육식물에서는 잎살의 일부가 저수조직(물을 저장하는 식물조직)이 되며, 음지식물이나 수생식물에서는 잎살의 발달이 나쁜 것도 있다.

■ **잎차례**

엽서(葉序)라고도 한다. 식물의 줄기에서의 잎의 배열 양식. 식물의 종이나 식물체의 부분에 따라서 일정한 성질을 가지며, 환경조건 등으로 변하지는 않는다. 관다발식물에서는 잎이 완전히 불규칙하게 배열하는 예가 없으며, 한 마디에 달리는 잎의 수에 따라 어긋나기·마주나기·돌려나기 등의 형태가 있다.

ㅈ

■ **장일처리(長日處理)**

식물 중에는 낮길이가 어느 일정 길이보다 길어지면 꽃이 피는 식물(카네이션·과꽃 등)이 있다. 이런 성질을 이용하여 일조시간을 길게 하여 꽃이 피는 시기를 앞당기는 것을 장일처리라고 한다.

■ **잿빛곰팡이병**

회색곰팡이병이라고도 한다. 꽃이나 잎 등에 병반이 생기고, 포기 전체에 퍼져 썩어버리는 병. 병에 걸린 부분에 회색 곰팡이가 생긴다. 기온이 낮고 물빠짐이 나쁘거나 습기가 많을 때 잘 발생한다.

■ **저면관수법(底面灌水法)**

얕은 물받침에 물을 담고 그 위에 화분을 담가놓고 키우는 방법. 물이 줄어들면 다시 보충해가며 기른다. 많은 식충식물을 저면관수법으로 키운다.

■ **적옥토**

적토를 건조시킨 후 체로 친 것. 흙의 굵기에 따라 대·중·소로 나뉜다. 물빠짐·통기성·보수성이 좋기 때문에 화분식물을 기르는 데 알맞다.

■ **전조재배**

자연조건에서 밤길이보다 낮길이가 짧아지는 시기에 조명을 비춰서 장일처리를 해주는 것. 국화 재배 등에 이용된다.

■ **점무늬병**

청백색·갈색·흑갈색·적갈색·암갈색·황색의 원형·타원형 또는 부정형 반점이 생기고, 심해지면 잎이 오그라들어 말라죽는다. 반점병이라고도 한다.

■ **제꽃가루받이**

수꽃의 꽃가루가 같은 포기의 암꽃술에 꽃가루받이하는 현상. 다른꽃가루받이의 상대어. 양성화에서 같은 포기의 암꽃술에 꽃가루받이하는 것을 동화수분(同花受粉)이라고도 하는데, 생물학적으로는 같다. 유전자 구성이 완전히 똑같은 2개의 생식세포가 합체되므로 돌연변이가 그대로 유지된다.

■ **종자번식**

씨앗으로 포기 수를 늘리는 것.

■ **종자식물(種子植物)**

관다발을 가진 육상식물 중 씨앗이 있는 것. 꽃이 피기 때문에 현화식물(顯花植物)이라고도 한다. 식물계에서 가장 진화한 군으로 크게 속씨식물과 겉씨식물로 나뉜다. 양치식물에서 진화된 것으로, 세계에 약 25만 종의 현생종이 있다.

■ **지효성 비료**

뿌리고 나서 식물이 흡수하기까지 며칠 걸리고, 효과가 천천히 오래 지속되는 비료이다. 유기질비료가 여기에 속한다.

■ **직파재배(直播栽培)**

작물을 못자리에서 모기르기하지 않고 본밭에 직접 씨를 뿌리는 방법. 힘이 덜 든다는 장점이 있지만, 작물에 따라서는 생육이 고르지 못하거나 본밭에서의 재배기간이 길어진다는 등의 단점도 많다.

■ **질흙**

찰흙 성분이 많은 토양. 보통 찰흙(입자 지름 2㎛ 이하)이 50% 이상인 토양을 가리키며, 식토라고도 한다. 토양 입자 사이의 틈이 작기 때문에 젖으면 물빠짐이 나빠서 질척거리고, 반대로 건조하면 단단하게 굳는다. 재배에 노력이 많이 들며, 작물의 뿌리가 발달하는 데도 적합하지 않다. 경작지인 경우에는 유기물이나 석회를 넣어서 개량한다.

ㅊ

■ 초본식물(草本植物)
풀이라고 불리는 것으로 부름켜에 의한 줄기의 2차 비대성장이 없고, 줄기가 목질화되지 않은 식물. 생육기간에 따라 한해살이·두해살이·여러해살이 등으로 나뉜다. 열대 등의 더운 지역에서는 목본식물과 구별하기 어려운 것도 있다.

■ 침지법(沈漬法)
씨앗 또는 씨모(종묘)를 소독하는 방법. 씨앗 또는 씨모를 농약 희석액에 담가서 겉과 속에 감염된 병해충을 모두 죽인다.

ㅋ

■ 큰키나무
키가 3m 이상 자라는 나무로, 교목(喬木)이라고도 한다. 떨기나무(관목)에 상대되는 말이다. 그러나 임업에서는 용재(用材)로 이용할 수 있는 나무라는 뜻에서, 떨기나무와 구분하는 경계를 5m로 본다. 보통 곧게 쭉 뻗은 줄기와, 공모양이나 원뿔모양의 물관이 있으며 줄기의 수명이 길다.

ㅌ

■ 탄저병
잎에 여러 모양의 병반이 생기고, 잎의 표면이 울퉁불퉁하며, 움푹 들어간 부분에 검은 반점이 생기는 병. 공기 중의 습도가 높고 온도가 따뜻할 때 잎이나 새 가지에 주로 발생한다. 처음에는 새 가지에 까만 반점이 생기고, 병반이 가지의 위아래로 길어져서 타원형이 된다. 뒤에 움푹하게 들어가서 그 부위가 세로로 쪼개진다.

■ 테라리움(Terrarium)
테라리움이란 라틴어의 'terra(흙, 땅)'와 'arium(어항 같은 작은 용기)'의 합성어. 유리 등의 투명 용기 속에 깨끗한 흙을 넣어 식물을 기르는 것으로, 실내에서 즐기는 미니 정원을 말한다. 작은 크기의 관엽식물을 기르기에 알맞다.

■ 토양
흙이라고도 한다. 식물이 뿌리를 내리고 수분이나 양분을 흡수하는 곳으로 농업에서 가장 중시된다. 지구 표면의 암석은 물리적 또는 화학적 풍화로 잘게 부서져서 그 자리에 쌓이거나, 비바람으로 멀리 운반되어 퇴적된다. 이런 퇴적물 위에 동식물의 유체가 썩어서 쌓이고 섞이며 오랜 세월에 걸쳐 형성되는 것이 토양이다.

■ 토양 개량
옮겨 심을 장소의 흙을 식물의 생육에 맞게 인위적으로 개량하는 것. 일반적으로는 물빠짐·보수성·통기성 등을 좋게 하는 토질 개선이나 산도 조정이 여기에 속한다. 토질 개선에 이용하는 것으로는, 떼알구조로 만들어 보수성·통기성·보비력을 높이고, 미생물의 활동을 활발하게 만드는 부엽토나 퇴비·피트모스 등이 있다. 그밖에 주로 물빠짐·통기성을 개선하는 버미큘라이트 등이 있고, 이런 것들을 통틀어 토양 개량재라고 한다.

■ 통기성
공기가 잘 통하는 성질.

ㅍ

■ 펄라이트(pearlite)
진주암이나 흑요석을 태워서 만든 인공흙. 가볍고 통기성·보수성·물빠짐이 좋으며, 적옥토나 녹소토 등에 섞어서 사용한다.

■ pH(페하) 값
수소이온 농도지수로, 용액의 산성도나 알칼리성의 정도를 나타낸다. 순수한 물의 pH7을 중성이라고 하고, 7보다 높으면 알칼리성, 낮으면 산성이라고 한다.

■ 포기나눔
여러해살이풀이나 크게 자란 포기를 나누어서 늘리는 방법. 대부분은 땅 윗부분이 시든 휴면기에 한다.

■ 포복성
식물의 줄기가 땅의 표면을 기듯이 자라는 성질.

■ 포트모종
모기르기할 때 작은 비닐포트나 종이포트에 흙을 넣고 씨앗을 뿌려서 키운 모종.

ㅊ ㅓ ㅌ ㅍ ㅎ

■ 피트모스(peatmoss)
습지의 물이끼나 갈대 등이 반 정도 썩은 것. 통기성과 보수성이 좋아서 다른 흙과 섞어서 사용한다.

ㅎ

■ 하이드로볼
황토를 이용하여 1,000℃ 이상 고온에서 구워 만든 인공 배양토. 약산성을 띠며, 물빠짐은 물론 통기성·보수성이 뛰어나다.

■ 한때심기
싹만 나온 작은 모종을 큰 용기나 화단·본밭 등에 심기 전에 일시적으로 옮겨심기하는 것. 한때심기하면 뿌리가 잘 뻗고, 포기가 튼튼하게 자란다. 충분히 자라면 아주심기한다. 가식(假植)이라고도 하며, 화분을 이용하여 모종을 기르는 경우에 분식·분갈이라고도 한다.

■ 한랭사
면이나 화학섬유 등을 이용하여 그물모양으로 짠 피복재료의 하나. 그물의 짜임이나 색의 차이에 따라 차광률이 달라진다. 일반적으로 햇빛을 가리기 위해 이용하지만 방한·방풍이나 수분 증발 방지 등의 목적으로 이용하기도 한다.

■ 해묵이 식물
숙근성 식물이라고도 한다. 생육, 개화, 결실 후에도 식물체의 땅 속 부분 또는 전체가 남아서 여러 해에 걸쳐 생육과 개화를 반복하는 식물을 말한다. 초본류에 한하며, 숙근초 또는 여러해살이풀이라고도 한다. 또한 숙근초라고 해도 한자리에 계속 두면 퇴보하므로, 정기적으로 포기나눔 또는 꺾꽂이로 번식시켜서 바꿔심기해야 한다. 영양번식하므로 유전 형질은 그대로 유지하나 바이러스 등의 병을 옮기는 것이 문제이다. 국화·카네이션·함박(작약) 등 중요한 화훼 종류가 많다.

■ 화분자갈
화분심기할 때 물빠짐과 통기성을 좋게 하기 위해 화분 바닥에 넣는 입자가 굵은 흙. 굵은 알갱이의 적옥토 등을 이용하는데, 흙 이외에 경석이나 발포 스티로폼 조각 등을 이용할 수도 있다. 작은 화분 등에는 화분자갈을 사용하지 않기도 한다.

■ 화학비료
무기질을 화학 합성해서 만든 비료. 유기질비료에서는 얻기 힘든 성분이나 조합을 인공적으로 조절해서 만들 수 있다. 알약모양, 과립모양, 가루모양, 막대모양 이외에 액체 형태가 있으며, 밑거름이나 웃거름으로 이용한다.

■ 환상박피
휘묻이를 할 때 이용하는 방법의 하나. 과실수의 열매달림을 좋게 할 목적으로, 폭 2~3cm 되는 가지의 나무껍질을 칼로 한바퀴 돌려서 벗긴 후, 자른 부분을 물에 적신 물이끼 등으로 싸서 뿌리가 나오게 한다.

■ 휘묻이
영양번식의 하나로, 뿌리가 있는 식물체의 일부에서 뿌리가 나오게 하는 증식 방법이다. 줄기나 가지의 껍질을 벗기거나, 철사로 묶어서 뿌리가 나오게 하는 방법 등이 있다. 뿌리가 충분히 발달하면 어미 포기에서 잘라내 옮겨 심는다. 뿌리를 내리게 하는 데 실패해도 말라죽을 염려가 적고, 성공하면 큰 모종을 얻을 수 있다.

■ 휴면(休眠)
저온이나 더위·건조 등 생물의 성장에 알맞지 않은 환경에 적응하기 위해 성장과 활동을 일시 정지, 내지는 둔화시키는 것. 휴면 때는 물질대사가 감소되고 수분 함유량도 줄어든다. 식물의 낙엽이나 씨앗·포자·눈의 휴면 등이 여기에 속한다.

■ 희석배율
액체비료나 약품 등을 물 등으로 엷게 하는 경우의 배율.

■ 흰가루병
잎이나 줄기가 하얀 가루를 뿌려놓은 것처럼 하얗게 되는 병. 환경이 고온건조할 때, 잎이 노화하거나 많이 달려서 통풍이 좋지 않을 때 많이 발생한다. 나중에 잿빛으로 변하여 곳곳에 작은 알갱이모양의 팡이실과 분생포자가 생긴다. 환기를 충분히 하고 고온을 피한다. 초기에는 증상이 약하므로 분무기에 깨끗한 물을 넣어서 강하게 뿌려주기만 해도 효과가 크다.

윤병성

일본 동경대학 대학원 농학생명과학연구과 농학박사
동경대학 특정연구원
작물시험장 박사후 연구원
현재 강원대학교, 한국농업전문학교, 한국방송통신대학교 출강

저서 및 역서
『식물생산학』, 『채소정원』, 『뿌리의 발육학』, 『건강별미 메밀이야기』, 『유전자변형작물』, 『실용농업일본어 Ⅰ·Ⅱ』

장광진

일본 가고시마[鹿兒島]대학 농학박사
강원·경기도 농업기술원 겸임연구관, 전문위원
현재 국립한국농업전문학교 특용작물학과 교수

저서 및 역서
『쉽게 알 수 있는 채소·허브 병해충 119』, 『내 손으로 재배하는 채소 70종』, 『가정채소재배 대백과』, 『약용식물대사전』, 『산채생산이용학』, 『새소득원산채류재배』, 『약특작생산개론』, 『약특작생산기술』, 『건강식물의 효능과 활용법』, 『식물유전자원학』, 『감초재배기술』, 『비타민의 왕자 생열귀』 등

펴낸이 | 유재영
펴낸곳 | 동학사
편저자 | 윤병성·장광진

기획 | 이화진
책임편집 | 김기숙
디자인 | 임수미

1판 1쇄 | 2004년 11월 12일
1판 3쇄 | 2014년 6월 9일
출판등록 | 1987년 11월 27일 제10-149

주소 | 121-884 서울 마포구 토정로 53 (합정동)
전화 | 324-6130, 324-6131·팩스 | 324-6135
E-메일 | dhsbook@hanmail.net
홈페이지 | www.donghaksa.co.kr
　　　　　www.green-home.co.kr

ISBN 89-7190-160-87 13520
● 잘못된 책은 바꾸어 드립니다.

Green Home 은 자연과 함께 하는 건강한 삶, 반려동물과의 감성 교류, 내 몸을 위한 치유 등 지친 현대인의 생활에 활력을 주고 마음을 힐링시키는 자연주 라이프를 추구합니다.